黑川伊保子

Ihoko Kurokawa

楊毓瑩——譯

家人使用說明書

腦科學專家寫給
總是被家人一秒惹怒的你

家族のトリセツ

家人使用說明書：
腦科學專家寫給總是被家人一秒惹怒的你

家族のトリセツ

推薦序

FOREWORD

推薦序——跟我一樣還沒結婚的朋友都該看這本書！

——梅塔（Metta）／《自媒體百萬獲利法則》作者

所有的幸福快樂都與人際關係有關。感受力是AI無法取代人類的地方，也是人之所以為人之處。

今年我開始學習成為一個溫柔暖心的人，很開心遠流的子逸邀請我寫序，這本書為我解答了過去的許多迷思。我曾為了長照佛寺住持奶奶，二十歲前長達十年的時間無法好好睡覺，當時我的狀態正如本書所說的：愛對別人酸言酸語，無法單純接受他人的好。後來透過自媒體直播分享自己不快樂的童年，在自言自語中自我療癒。也因此，漸漸的我理解到這世界上只有三件事情：

1. 自己的事情。
2. 別人的事情。
3. 老天的事情。

我們除了自己的事情之外，真的無法改變任何人——除非他自己願意改變。

書中寫到，想改掉家人的缺點不是明智的方法，因為大腦的特質會跟著人一輩子，對此我深感共鳴，如果能早點讀到這本書不知道該有多好。跟我同居多年的男友老彭就是書中所描述的：在家經常把衣服亂丟在地上的人。但這樣的男性外出時卻是狩獵能力很強、目標明確的人。作者提到，伴侶之間只能從「放棄」開始，放棄想要對方配合自己，因為改變自己永遠比改變對方來得快。後來我放棄改變老彭亂丟衣服的行為，我們之間只講好一個「規矩」：他要怎麼亂丟衣服都可以，只要睡前把地上的髒衣服扔到洗衣機就好。

女生很容易因為聽不到另一半的一句「謝謝」而感到受傷，尤其是忙到根本沒時間去怨恨的時候更是如此，應該不少女生婚後對此很有共鳴。有時你覺得是為對方好，但對方卻感受不到，你給的愛真的是對方想要的嗎？跟愛情一樣，親情本來就是不公平的，不是你夠努力夠優秀就會擁有你想要的愛。但無論如何我們都可以從愛自己開始。那麼愛自己是什麼？要怎麼給自己需要的愛呢？

很有趣的是，我跟作者一樣也很討厭〈螞蟻與蚱蜢〉的故事。為什麼人生一定得像螞蟻一樣辛勤工作，而不能像蚱蜢一樣好好生活呢？所以對我來說，愛自己就是：做自己愛的事情，喜歡現在的生活，活出自在的人生。**愛自己的人才有能力與能量去愛家人本來的樣子。**愛自己不是永無止境追求被認同，而是從接受自己開始。**那些讓你身陷過去傷痛而走不出來的人其實是自己，是你允許自己留在這個黑洞，但你隨時可以跳脫，只要你願意。**

謝謝你，對不起，請原諒我，我愛你。

推薦序——維繫「婚內戀愛」的祕訣

——隱藏角色／別人的老公

在進入本文之前，請先做個小測驗，檢視一下你的另一半有以下哪些性格：

負向性格	正向性格
□ 愛碎唸	□ 能言善道
□ 愛捉弄人又調皮搗蛋	□ 對生活保持好奇心、擁有赤子之心

□ 敏感	□ 具有洞察力
□ 抗拒家事不平等	□ 重視公義
□ 容易害怕	□ 謹慎
□ 易怒	□ 勇於表達感受
□ 要求完美	□ 有美感
□ 隱藏情感	□ 為人著想
□ 固執	□ 有主見

一般人的結論通常是：婚前下面，婚後上面，通稱鬼遮眼。但不要太早下這樣的結論，請試著將上下兩邊切換，翻轉另一半的負向性格，從正向角度欣賞對方的「ugly beauty」（怪美）。

即使連對方都嫌棄自己的負向性格，但請透過你的「正向濾鏡」，好好地、用力地表達你對他的欣賞，然後說一句：「你這樣太性感了，我好興奮啊～」讓這份措手不及的情感充盈於胸，這就是維持婚內戀愛的方式之一。

哪怕說這句話的時候，捏的是他腰間的肥肉，看的是他層層的雙下巴，但能真正吸引擁有豐富人生閱歷的你，是另一半的個性，不是膚淺的外貌。一次沒效，就說十次，說到你信。

你想要得到什麼樣的結果，就會落入怎麼樣的情緒。人的煩惱幾乎都來自於人際關係，企圖改變周遭的人通常只會讓自己愈來愈累，但轉念卻只要一瞬間。或許你會覺得：「就這樣『放過』對方，我不是虧大了？畢竟都占到理上，怎麼沒有得到我應得的？」其實這種想法是「索取」。你也可以換個角度，無條件地信任與支持那個將與你度過終生的人，這就是「給予」。**索取久了會得到回饋，給予久了也會得到回饋，但前者是劍**

拔弩張，後者是淵遠流長。

對親密家人的態度，本當如此。

家人使用說明書：
腦科學專家寫給總是被家人一秒惹怒的你

家族のトリセツ

前言

PREFACE

前言

在這個與COVID-19共存的時代，我們的工作與生活型態都產生了轉變，家人每天面對面相處的時間也跟著變多。

這段期間，我聽過不少人埋怨：

「在家壓力好大！」

如果你也感同身受，我希望透過這本書跟你分享如何活得輕鬆一點。

對我來說，讓我放鬆過日子的功臣是人工智慧和兒子。

從一個邊研發人工智慧邊帶小孩的工程師角度來看，孩子平常的「整人遊戲」和「失敗」都是很美好的事物，因為這是大腦演化的重要契機，目前的人工智慧根本無法自主到這種程度。當哪天人工智慧會自動「整人」，那就是人工智慧的創造力與人類並駕齊驅的一天。

為了研發人工智慧，我也涉獵了人腦的功能。研究告訴我一件事——人的大腦中，才能一定與缺點並存：

- 創造力與「性情不定」「喜新厭舊」並存。
- 策略思考與「拖拖拉拉」「漫不經心」並存。
- 風險迴避能力與「膽小怕事」並存。
- 危機處理能力與「學不會教訓」並存。

只要缺點消失，優點也會跟著弱化。

當我們只看家人的缺點，就會愈看愈煩。尤其對於負責家務的主婦或主夫而言，家人常常是家庭生活中的「絆腳石」：女兒三心二意，做什麼事情都半途而廢；兒子懶懶散散，房間亂七八糟；老公糊裡糊塗，老是犯同樣的錯；老婆則只會碎唸不停。

面對每天令人心煩的家人，總會忍不住嗆他們一句：

「我不是早就跟你說過了嗎!?」

但是，一旦改變視角……

- 女兒可以變得具有創意發想的能力，提供你新點子。
- 兒子會變得擁有謀略能力，給你獨特的見解。
- 老公也會變成危機處理的達人，幫忙維修電器、組裝家具。
- 整天嘮叨碎唸的老婆則具備優秀的避險能力，讓家庭免於遭逢「事故」。

看家人的缺點會愈看愈煩，看優點則會發現家人其實是「無可取代」的存在。所有的缺點都與優點並存，因此我們可以學著用兩種角度去看待家人。

「怎麼事情老是做一半？寫功課也是，學才藝也是……」

「呆在那邊幹麼？還不快來幫忙！」

「拖拖拉拉的，叫都叫不動！」

「就跟你說會失敗你還做！」

如果一個家每天都過得太緊繃、零失誤，其實會跟幸福愈來愈無緣。不但如此，所有家庭成員都無法在人生中盡情發揮才能。

研發人工智慧讓我了解到一件事——所有負面要素、所有你認為應該在人生中避開的「準則」，對大腦而言卻是必要的能量。大腦連一秒都不會浪費。

因此，我想透過這本書分享我從中獲得的見解，反轉過去的常識，告訴大家如何與家人建立溫暖的關係。
請務必跟我一起挑戰這個目標！

家人使用說明書：
腦科學專家寫給總是被家人一秒惹怒的你

家族のトリセツ

目次

CONTENTS

第一章

為什麼在家裡會覺得壓力很大？

なぜ家族にストレスを感じるのか

第二章

「溺愛」家人的效用——失敗、弱點、缺點都是拓展人生的關鍵

「家族を甘やかす」の効用——「失敗」「弱点」「欠点」が人生を拓く鍵

第三章

因為是家人 所以「不能做」的四件事

家族にこそ必要な、4つの「やってはいけない」

終章

創造家庭的「温柔泉源」

家族の中に「優しさの泉」をつくる

第一章

CHAPTER 1

為什麼在家裡
會覺得壓力很大？

第一章　為什麼在家裡會覺得壓力很大？

長久以來，我們稱這個社會為資訊社會。

在日常生活中，隨時可得知某個陌生人遇到的大小事與各種喜怒哀樂，甚至是那些遠在天邊的好萊塢名人的日常。在這樣的時代，很難不去在意別人的看法或別人擁有的東西。我們已經無法像過去一樣完全不去在意「外在」的事物。

媒體不斷放送「資訊」，社群平台瘋狂擴散「資訊」。在這樣的趨勢下，愈來愈多人一味追求「美好的事物」、徹底避開「壞東西」。因為他們想過得比誰都富足。

我認為人類現在一反常態在「認真」過日子。

認真是好事。認真可以提升人類的生活水平，在各方面貢獻良多；然而一旦認真過頭，其實會變得很危險。

消失的疾病又出現

幾年前，「佝僂病」（Rickets）的再度出現引發熱議。

佝僂病是一種骨骼鈣化不良導致骨質變軟、引起幼兒腿部彎曲變形的疾病。

過去，這個疾病起因於糧食不足，到了昭和四〇年代（一九六〇、一九七〇年代），日本糧食問題獲得改善後已經不見蹤影。然而現今佝僂病卻再度出現，新聞報導因此提出警告：許多醫生從未見識過這種疾病，導致發現得太晚。

維生素D對於骨骼生長是相當重要的營養成分，只要我們接受日曬就會在體內生成。雖然也可以透過食物攝取（旗魚、褐菇、舞菇、鮭魚、雞蛋等含量較多），但食物中的含量偏低，光靠食物並不足以提供足量的維生素D。因此，討厭曬太陽、徹底隔絕紫外線就會缺乏維生素D，導致骨骼生長異常。

前陣子，某個電視節目報導一名年輕女性的身高縮水七公分之多，最直接的原因就是骨質疏鬆症導致脊椎壓迫性骨折。

才不過三十歲出頭的她，之所以罹患嚴重的骨質疏鬆症，就是因為愛美而完全隔絕陽光多年。當然飲食習慣、體質、生產、哺乳也會帶來影響，但「一秒都不曬太陽的生活」才是罪魁禍首。

其實只要曬幾分鐘的太陽，身體就能合成維生素D。

以日本的緯度來講，每天曬衣服、到庭院澆花、外出買東西時曬到太陽、接觸從客廳灑落進來的陽光就足夠了。然而，抗紫外線的產品日新月異，功能愈來愈強，連窗簾和襯衫都能隔絕紫外線，所以一不小心就會

「防曬過頭」。

現在又基於其他理由，外出時必須戴口罩。

自古以來，讓嬰兒做日光浴、帶小孩到戶外玩，都是基本的育兒方式。在緯度高、日照時間短的歐洲，大家都會聚在一起享受日光浴。人類自古以來的習慣總是有其意義存在。

世界上沒有「完全好」或「完全不好」

我們最好停下腳步、放慢思緒想一想：徹底不做一件事，是否會帶來危險？

就像我剛才說的，陽光雖然會讓肌膚產生細紋，甚至可能誘發癌症，但卻是骨骼發育的功臣。說極端一點，**我們要選擇用笑容掩蓋皺紋，活**

得輕鬆自在？還是為了愛美而不惜傷害身體？

膽固醇也是一樣。雖說膽固醇對身體有害，但卻是預防大腦神經訊號衰弱的重要物質。大腦的組成成分約三〇％是膽固醇，所以如果追求零膽固醇的飲食生活，會變笨也不意外。

好奇心、專注力、活力，都是重要的生存能量，這些是大腦神經訊號發出的一種「情緒」，而一旦神經訊號減弱，便很難產生這類情緒，於是心情倦怠、精神恍惚。用有氣無力的每一天所換來的「健康」，究竟值不值得？

現代人的生活膽固醇過多？如果是這樣，那確實有必要稍微控制；但如果極端到以零膽固醇為生活目標，則會產生很大的風險。

世界上不存在零風險的事情。

零風險的陷阱

不久前，我在ＮＨＫ的早晨節目中看到一位媽媽這麼說：

「我家小孩現在怕COVID-19怕到連散步都不敢去！就算政府已經宣布解除緊急事態，小孩還是拚命消毒。」

這位媽媽的女兒放學回家後，除了基本的洗手漱口之外，從書包到每一枝鉛筆都會徹底消毒。做到最後，女兒因為「太怕死」，連散步也不敢去了。

除了她女兒之外，其他新聞也曾報導一些小孩拚命洗手的事件。

沒有人想死於COVID-19。然而，持續過這樣的「消毒生活」，孩子未必就有抵抗力。

我兒子小的時候，我家的小兒科家庭醫師告訴我，小孩在一、兩歲之前如果得過一百次感冒可以對很多疾病產生免疫力。這位醫生也不建議家長帶小孩去施打腮腺炎疫苗。他認為實際感染後所獲得的免疫力，才是真正的免疫力。

「現在的腮腺炎疫苗，差一點的只能維持十二到十三年。男生如果在青春期感染，可能會引發無精症，所以施打疫苗反而有害。最好在幼稚園階段就讓他自然感染。如果到了十歲還沒有感染，再打疫苗也不遲。」他如此表示。

雖然生病很痛苦，但這也是讓身體變強壯的系統之一。

然而，人類現在一味地追求「無菌生活」，幾乎把孩子們逼到絕境，這樣真的好嗎……

風險控管是個人的責任

從人類存亡的大局觀來看，為了讓孩子免於幾千人當中有一人重症化的風險，而要求他們過著無菌生活。但這麼一來，會讓孩子長時間處於精神緊繃的狀態，並且奪走他們獲得免疫力的機會，這樣的做法是否太愚昧了呢？

「那如果我的孩子變重症呢？然後傳染給家人，結果奶奶得病的話，又該怎麼辦呢？」

針對這個問題，我無法負責，政府也無法負責。政府只能採取這樣的政策，「假裝」零風險是存在的。那麼，你要為了追求零風險，而整天神經兮兮？還是選擇承擔風險，並從中得利？這中間的平衡只能由個人去拿捏。

然而一旦風險趨近零，人類就會開始失去東西。

我們失去的不只是經濟活動，還會對日常生活甚至個人健康造成各種影響，例如讓肺活量低的幼童戴口罩可能會引起大腦缺氧。前陣子晚間新聞也報導小學生和年輕女性「戴口罩頭痛」，引起熱烈討論，原因就在於血氧濃度過低。

為了預防感染，我們究竟失去了多少東西？

太害怕死亡，導致活得很辛苦；就算不怕死，也受迫於追求零風險的社會氛圍，而無法選擇自己的生活方式。

自從爆發COVID-19後，人類活得更辛苦了。

跳脫完美主義

家庭壓力也是追求零風險之下的產物。

具有男性魅力、會做家事、擅長做料理、懂得說甜言蜜語、會伐木蓋屋、會組裝車子、對另一半專情、捨不得殺一隻蟲卻能保衛國家……女人相信這種十全十美的男性真的存在，所以一看到家裡那個無能的老公就一肚子火。

各科成績名列前茅、體育全能、會彈奏樂器、會幫忙打掃、待人有禮、擁有別人沒有的才華、既勇敢又細膩、能在眾人面前展現自信又不會讓人感到不舒服的帥哥美女……母親相信這種完美的人真的存在，想要把小孩教成這樣，結果變得天天都在斥責小孩。

即使有些母親會笑笑地說「哪有這種人啊，過得去就好了」，但對自己的孩子卻無所不管，整天唸個不停：

「書念了沒？功課寫完沒？」

「才藝學了就不能半途而廢！」

「東西要收拾乾淨！」

「看到人要主動打招呼！」

世界上不存在零風險的事情，人生也沒有零風險這種事。

只要趨近零風險，就會形成其他的風險。即使是紫外線、膽固醇這種人人極力避免的東西，也絕對不能是零。

把零風險當作目標，才真的危險——我認為這是世界上最重要的真相。

家庭裡不存在著零風險

育兒或夫妻相處也不存在零風險。

例如，不少理科天才的大腦就是無法有「秩序」。他們腦中的「虛擬空間」太過活化，被占用太多思緒，以致無法和眼前的現實結合，必須花較久的時間認識現實空間，因此「快」不起來，最後變成東西隨便亂丟、衣服鞋子走到哪脫到哪、做事虎頭蛇尾。

生活和工作都亂七八糟，是部分理科腦的典型特質。

拚命要這樣的孩子把東西收拾乾淨，很可能會毀了一個天才。話雖如此，如果無法過「正常」的社會生活，就不是個成熟的大人。

父母應該思考兩者之間的風險平衡，也必須認知到一味追求零風險其實會帶給孩子不幸。「髒亂」也是孩子個性的一部分，更進一步說，應該高興孩子擁有不同凡響的創造力才對。

大腦的習性會跟著人一輩子

這個道理也可以運用在你的老公、老婆、主管或部屬。

如果你完全「治好」了對方的漫不經心、拖拖拉拉、忘東忘西，等同於殺了他的個性，你欣賞他的理由——落落大方、點子多、有創意、受挫力強，一定會跟著消失。

不過，倒也不必擔心就是了，因為大腦的個性是治不好的。反過來講，**企圖治好家人的努力最終都是徒勞無功——這就是家庭壓力的最大來源**。

即使你大嘆「為什麼講好幾次都講不聽，東西照樣亂丟」也沒用，因為當事人根本不知道自己錯在哪裡。所以你要轉換一下：

「怎麼了？你是不是有什麼事呢？之前提醒過你好多次了但還是改

不掉，那我們換個方式好嗎？」

＊＊＊

昨天我兒子又把西裝丟在更衣室前面的走廊。

「怎麼又這樣!?跟你說過這麼多遍還是亂丟，你到底什麼時候才會把西裝掛好啊！」個性嚴謹、身為我家「洗衣隊長」的老公實在看不下去，立刻唸他。

「反正你也要吃他煮的飯，你幫他掛好不就好啦？」我正和兒子一起在廚房準備晚餐，我和顏悅色地對老公說。

「衣服亂丟和吃飯是兩件事，這是教養的問題！」老公還是很氣。

正當老公氣沖沖地在走廊上踱步來回，我已經把兒子的西裝掛好，順便噴了去皺和除臭液，全程不到三十秒。

與其改變家人，不如改變做法

其實在搬到這個新家之前，一向由我和媳婦替兒子的「亂七八糟」收拾善後，也得忍受老公碎碎唸的疲勞轟炸。

兒子之所以亂脫亂丟是因為衣櫥離他太「遠」了。長期下來，我對老公的碎唸不耐煩、對兒子的散漫不高興（明明就決定容忍他），兒子和媳婦也常為了衣櫥的空間吵架。

然而就在今年，我們終於買了現在這間新家，可以好好處理這個煩人的問題。

這間房子在蓋的時候，我已經擬定好一套作戰策略——針對兒子的「壞習慣」規畫好高效率的動線，並設計了他專用的「更衣室」。從玄關走上樓梯，再往前走就是他的更衣室。從更衣室右轉是洗手間，左邊是客廳和廚房，再往上走則是他的寢室。

然而兒子無論在哪裡都會無意識地亂丟西裝和包包。其實他只要移動五十公分，包包就不會是隨便丟，西裝也只要移動一公尺就可以掛到衣架上了。

既然如此方便，兒子怎麼不自己把東西歸位呢？因為身為「廚師」的他，走上樓梯後便直覺地往冰箱走去。也多虧了他才能端出兩盤像樣的菜色，所以這五十公分和一公尺，就由我來幫他做。

自從我們住進這間我「深思熟慮」規畫的新家後，即使兒子隨手丟的習慣和老公愛碎唸的個性還是改不掉，但一家人的不耐煩和吵架頻率立刻「減半」，這是真的！而且，當兒子一早看到西裝好好地掛在衣架上、完全沒有任何皺褶，還會特地跑到浴室跟我說：「媽，這是妳幫我掛的嗎？謝謝。」

即使不大費周章搬家，只要花點心思就能減少沒完沒了的煩躁。

有一次，一位女生朋友跟我抱怨老公脫下來的衣物都不翻面就直接丟洗衣機。

「大腦的習性是改不掉的，放棄吧！妳幫他翻面吧！」

「啥？妳說『我』嗎!?」她一臉驚訝地看著我，接著立刻說：「把髒衣服從洗衣機拿出來翻面超級麻煩！」

當我建議用洗衣籃，她才突然想通：「洗衣籃！啊，對喔～」

還有一次，另一位女生朋友跟我分享老公泡茶時總是把茶壺裝得很滿，滿到水都溢出來。我那優雅的朋友相當看不慣老公的粗魯。

「他可能不適合用『茶壺』這麼細緻的東西吧？妳要不要換成燒開水用的『水壺』？」我建議她。

「咦？水壺好像不錯。」她點點頭。

如果你常常為了家人的某件事或某個行為而感到不耐煩，與其治好對方，不如改變自己的做法會輕鬆許多。當你想到對方明明做得到卻不去做，就會氣到不行，然後更想逼他照你的方式做。然而如果知道對方是真的做不來，你便會開始思考該如何改變做法。

只要花點心思，或許就能拯救整個家庭。

老公最令人火大的事

有一次，我在一本專門為四十歲女性讀者設計的雜誌中看到一項問卷調查，題目是：「老公做什麼事最讓妳火大？」壓倒性奪冠的就是隨手丟的習慣。

亂丟、隨便放、做事馬虎……無論老公是不是理工男，對於幹練的女性來說，任何亂丟亂放的行為都會導致夫妻失和。

不知已經耳提面命過幾百次，每天晚上老公喝完啤酒還是照樣把酒杯扔著，然後倒頭大睡；隔天早上老婆洗著沾滿啤酒垢的臭杯子，洗到想離婚……從老公的立場來看，不過就是忘了；但從老婆的角度來看，就是不幫忙做家事、不體貼，甚至是故意找麻煩。

當老公想泡澡，衣服一脫直接丟在地上。老婆心想：「如果他順手把衣服放進洗衣籃或拿到收納室，不知該有多好……我每天照顧三個小孩已經累翻天了，還要撿他的臭衣服來洗，是有多不把我放在眼裡！」想著想著，眼淚就掉下來了……

男腦的「鎖定功能」

啊～天底下的女人們，妳們要了解一件事——雖然很遺憾這麼講，但優秀男性的大腦，想睡覺時只看得到床、想泡澡時只看得到浴缸。

男性的大腦是在狩獵中逐漸演化，所以搭載了一旦鎖定目標就勇往直前的功能。遠遠看到目標，眼中除了目標之外別無他物，眼前的一切就像是被遮蔽住一樣，只能用「什麼都看不到」來形容。

人類能專心凝視的視線範圍據說只有「拇指指甲」的大小。當凝視著遠方的獵物，當然會無視周遭的事物，也不可能分心去看目標以外的東西。因為，一旦決定要獵捕某個目標後，又被「腳邊的玫瑰或草莓」吸引，怎麼可能抓到獵物？

鎖定目標後緊盯不放，這種視野的習慣恰好也反映在思考的習慣，當然也會反映在說話的習慣。這樣的人擁有強烈的目的意識和客觀性，優點多到數不完。這項能力在事業開發上會受到重用，換句話說，這個能力是成功商務人士的必備條件。

不分男女，優秀女強人的大腦也會優先這樣運作。

老公沒注意到的「隨手家事」

這個鎖定目標的功能讓很多男性想睡覺就往床鋪躺，不會想到睡前要順手整理桌上的髒杯子；想上廁所就專心「大小號」，不會想到要幫忙換毛巾、注意到除臭劑快沒了明天要買等各種「隨手家事」。就算老婆苦口婆心地「開導」，也不會有奇蹟發生。

這種「走到哪丟到哪的男人」一旦外出狩獵，就是很強的獵人，能夠勝任各項任務，平行路邊停車也難不倒他。而且一旦發生事情，他絕對會誓死保護家人。

不過，走到哪丟到哪的習慣是改不掉的。就算認真「幫」他改掉也只是徒增壓力而已。

夫妻之間，只能從「放棄」開始。

另一方面，女性的大腦則專注於採集食物和照顧小孩，能夠即時注意到孩子的一丁點變化。而老公只要負責採果實、香菇、玫瑰、草莓回來就好。

很多女性可以仔細觀察三公尺以內的東西，任何細微的變化都逃不過她們的眼睛。採用這種大腦運作方式的女性能因此多子多孫，即使是沒有生產過的女性也繼承了這樣的女腦。

所以，老婆離開客廳時會順手整理杯子；去廁所時會檢查除臭劑、更換毛巾；把髒毛巾丟進洗衣機的同時還會記得拔掉浴缸的水塞。

家裡充滿無數「老公不知道」的隨手家事。

連句「謝謝」都不說？

我再舉一個「老公不知道」的例子。

去年我老公退休後開始幫忙洗衣服和洗碗。我家總共住了四個人，我和兒子負責煮飯，打掃交給媳婦，老公則接下洗衣服和洗碗的工作，大家各司其職，我覺得挺不賴的。

然而半年過後，某天我回到家，看到老公和兒子正在廚房大吵特吵——老公洗成吉思汗火鍋鍋子的方式錯誤，被負責煮飯的兒子指責之後開始發飆。

鑄鐵鍋用過之後不能洗得太乾淨，因為要讓油脂留在鍋面。我家是用可以有效去除蛋白質的壓克力毛線菜瓜布來洗鑄鐵鍋，不會用清潔劑或洗碗海綿。這樣用過多次後，鍋子就能燒出肉的美味。

我老公不知道這點，不只用海綿，還用金屬刷來刷鍋子。

「我又不知道要這樣洗。既然這鍋子這麼重要，你不會自己洗嗎？」

老公如此反駁，堅持不道歉。

兒子仍要老公先道歉認錯，老公也火了，淡淡地回他一句：「喔，好喔～Sorry！」

「太沒誠意了吧！」兒子當然不放過他。

……我一回家就看到這樣的景象。

如果我早點回到家就可以把罪頂下：

「（對兒子）我沒教爸爸怎麼洗，是我的錯。」

「（對老公）昨天晚上沒洗就把鍋子放著，真是對不起，謝謝你幫忙洗鍋子。」

我知道這樣一來老公就會讓步，然後摸摸鼻子說：「以後我知道了。」然而事情一發不可收拾，兒子和媳婦兩人躲在房間不出來了。老公氣到不行，結果變成我倒大楣……

「洗碗有多累他知道嗎？每天早晚都要洗所有人的碗筷，妳知道有多辛苦嗎？」

我瞪大眼睛，回了一聲：「蛤？」

「你想想，我們是一九八五年四月六日結婚，從那天起到今年四月，整整三十四年都是誰在洗碗⁉」

「……」老公倒抽一口氣，用手摀住嘴巴。

「我要弄早餐、做便當、洗碗、洗衣服、化妝後才能出門工作，還要找空檔寫書耶‼」

經過我一連串的炮火攻擊，老公一言不發走回廚房，自此之後便乖乖洗碗。

前幾天我幫忙洗碗的時候，老公默默走到我身邊，對我說：「要煮飯給我吃還幫我洗碗，謝謝妳。」其實他是個很溫柔的人，如果知道「老婆很辛苦」就會真心感謝我。

但是呢，他竟然花了三十四年才注意到這些事……我訝異到嘴巴合不起來。他之所以從來沒說過半句謝謝，不是因為「知道卻不感謝」，而是「根本沒察覺」。好啦，我可以理解，但這也太扯了……

常惹惱別人的人也要懂得收斂一點

雖然無法一概而論，我想大多數的家庭都有些摩擦。身為一家之煮，每天默默做著沒人注意到的家務事，還被說「這不是你該做的嗎？」的話，那未免太真心換絕情了，家務事真的沒完沒了。

經過這次事件後，我也想起過去因為聽不到一句謝謝而受傷的日子。但這二十年來，我忙到連怨恨的時間都沒有。

這是自我警惕，也是教訓。

老婆常會氣老公不幫忙「隨手家事」（有時甚至連「一般家事」也不做）、只會出一張嘴（如果你是主夫，可以把這裡的老公換成老婆）。就算退而求其次不期待他幫上忙，但至少也要知道「家事比他想像的還多三倍以上」，抱著感恩的心才對吧……

除此之外，身為老公的你，有時也可以多少察覺一下老婆為自己做的事：

「喔！今天是我愛吃的咖哩～」

「換新床單了耶！」

或是看到老婆在幫自己洗衣服時主動示意一下，其實就夠了。

雖然本書的主題是「家庭和樂處方箋」，但我也希望那些經常惹惱老婆的人可以多少做點家事。「不讓老婆生氣的方法」有很多，我在這裡說都說不完，有興趣的人請參考另一本《老婆使用說明書》。

女腦是無拘無束的多工系統

我剛剛說「老公只會出一張嘴」，身為老婆的妳應該很有感觸吧？

有一次，一位五十幾歲的男性生產管理專家一臉困惑地問我一件事：

「我老婆把水壺放在水龍頭底下裝水，然後去做其他事，最後整壺水都滿了出來。我跟她說：『如果要邊裝水邊做其他事，就要配合其他家事的時間，不要把水龍頭轉到最大，把出水量調到剛好，水才不會滿出來。』結果老婆竟然生氣了……」

沒錯，生產管理的基礎就是「要徑」（Critical Path）。多工處理程序中，工期最長的作業進行的同時也安排其他作業，最後便能在期限內抵達生產線終點。太早結束，生產線會空著，或導致零件積太多。無論工廠或軟體製作專案，產品經理都要確實拿捏製程，「剛好」非常重要。

這樣的大腦看到水從水壺溢出，當然會認為要調整出水量。

但是，等一下！家裡不是工廠，對「程序」的觀點是不一樣的。女腦並不是在放水之前就規畫好「等待水滿的空檔要做哪件事」，而是裝水時偶然看到某個東西便開始動手，所以在收拾這個、整理那個的時候，水就溢出來了。

如果沒有這種「偶發式」，或者你也可以說是「稍微不負責」的多工處理能力，像家事這種無止境的多工作業，一輩子都做不完。正是因為具備這項能力，老婆才擁有高度的抗壓性，得以長時間日復一日做著老公不知道的隨手家事。

做家事就是一套多工系統，水壺滿出來、忘記關洗衣機水龍頭、把鍋子燒焦，都在「預期內」。女性的大腦可以容忍些許風險，並藉機減少整體的壓力。

女性領導人備受矚目的理由

我認為社會系統也該導入像女腦般的「無壓多工系統」，來預期一些非致命的小風險。

其實，女腦自古以來就知道追求零風險是很荒謬的事。特別是在

COVID-19疫情中，我們看到紐西蘭和芬蘭女總理因疫情控制得宜而成為熱門話題，東京也是由女知事控制疫情，或許正是因為女腦的某項本能發揮了作用。

我感覺到時代已經準備好了。從二〇〇〇年代初期，人們開始重視多樣性，全球女性領導人迅速增加。而現在，我們更需要女腦的感受力和邏輯思考來處理全球所面臨的大問題。

然而，就像剛剛說到的「水壺事件」，**男腦型的人無法理解「女腦力」，而女性領導人也在「男腦型理論」的批評下無法發揮所長。**

當然，反過來講也是如此。男腦的感受力和邏輯思考是組織中不可或缺的能力，而女腦型的人也不用太過吹毛求疵。

男腦與女腦彼此互相守護，而不是雞蛋裡挑骨頭。

男女擁有不同的世界觀和秩序

所以，針對水壺事件，「一開始就應該把出水量調到剛好」的男腦建議，在女腦的多工系統運作下「毫無意義」。

即使如此，在實務面上男腦的做法的確是對的，因此老婆無法回嘴，讓壓力不斷累積。另一方面，老公也因為老婆「莫名」生悶氣而覺得她不講理。

雙方都對，卻雙方都輸，真是悲慘的比賽結果。

男性與女性對於多工管理的觀念不同，所以沒有必要干涉彼此的行為。不只是老公對老婆，老公幫忙做家事的時候，老婆也要「放手」給他做（當然，老公問怎麼做的時候還是要「溫柔地」教他）。

家事達人看別人做家事時，往往有許多看不順眼的地方：

「你這樣曬，有些地方曬不到啊！」

「欸！粉掉下去不馬上擦的話之後會很難清理！」

但是，請先閉上眼！

等到幫忙收拾善後的時候，再有意無意跟對方分享「正確」的方式。因為在失敗的當下，如果有個人能溫柔地給予協助和指導，當事人一定會快速吸收並懂得如何運用。

若你身為「家事隊長」，最好時時刻刻提醒自己：不要緊盯著家人做家事。

如果老婆是家事達人、老公不太會做家事，一旦把煮飯的差事交由老公負責，老婆就「努力」不要在一旁指揮，改去做其他事，看是要上美容院還是追劇都可以。總而言之，毫不猶豫地離開現場就對了。

＊＊＊

好了，讓我來整理以上的內容。

大腦中有一種瞬間傳導的神經訊號模式，又叫作大腦的「瞬間反應」，這會使每個人看待事情的觀點、思考邏輯、做事方法都大不相同，也會形塑各自的世界觀。

如果你無法理解每個人都有不同的世界觀，那就無法真正理解一個人。

許多你認為是「為了對方好」而做的事情，反而會失去意義而造成反效果，甚至導致雙方爭吵。有的時候，對方是真的做不到，然而你卻解讀成不幫忙、唱反調，久而久之便會懷疑對方毫無同理心、故意找碴，還是根本就不愛你了。

尤其有著演化的差異，男腦與女腦的瞬間反應原本就是相反的。這也可以解釋為什麼對於許多人而言家庭就如地獄，或者感到人生過得很辛苦，就是因為沒有認知到這點。

大人腦與小孩腦、文組腦與理組腦，也會產生這樣的衝突。

家庭裡聚集了「不同的大腦」，每個大腦各有自認為正確的答案，如果無法寬容看待彼此，就會相處得很累。

大腦不可能樣樣一百分

你或許會想：如果每個人都很完美，事情不就圓滿解決了嗎？然而，這也是一件很危險的事。

大腦不可能是全能的，所以我們無法同時看遠又看近對吧？注視遠方目標和凝視近物所使用的是完全不同的腦神經迴路。人人都有這兩種迴路，但無法同時使用。

看看腦神經迴路圖，你會發現看遠時使用的大多是大腦的縱向迴路

（連結額頭和後腦勺的方向），看近時則大多為連結左右腦的橫向訊號。用「電路板」來比喻的話，很明顯是兩個不同的裝置。

也就是說，**男女的大腦在瞬間反應上其實是互補的兩種裝置**。

當一家人面臨了危險，一方會瞬間瞄準遠方的危險物，另一方則瞬間專注在眼前的危險物。多數情況下，男性擔任前者，女性則是後者的角色，也有少數情侶的角色對調。大腦不是工業製品，所以沒有百分之百一定是怎樣。

不過，我沒看過雙方「都看遠」或「都看近」的情侶。或許是因為情侶通常是互補的兩人彼此吸引；又或許是因為兩人的大腦在整合時會無意識地進行角色演算，讓雙方互補。總之一定是這兩種的其中一種模式。

ＨＬＡ（人類白血球抗原：Human Leukocyte Antigen）是一種與免疫有關的基因。人的大腦是這樣設計的：對於ＨＬＡ相同的人免疫（沒反應），對於ＨＬＡ不同的人無法抗拒（被吸引）。所以情侶通常是一個怕冷一個怕熱、一個穩重一個急躁、一個很好睡一個常常睡不好。正因如此，才能增加後代子孫的多樣性，以共同防禦外敵。

人也可能偶爾使用女腦、偶爾轉換為男腦。如果整個團隊都是女腦或都是男腦，其中某個成員必定會扮演不同的角色。

在女校或都是女性的公司裡，一定會出現帥氣的男腦型女性，就像寶塚歌劇中有專門飾演男性角色的女演員一樣，而且通常都是美女。反過來講，都是男人聚在一起的橄欖球隊中，一定會有喜歡照顧人、有如媽媽角色般的前輩。

我們的腦有天生的優先迴路，但也會隨著生存環境轉換。

不過，就如我多次強調的，我們無法同時使用兩種迴路。看遠就不能看近；看近就不能看遠。問題解決能力與同理心無法同時存在。太過理性會失去創意；太過天馬行空則容易不務實。

大腦天生就是不完美的。大腦不可能樣樣一百分。

家庭的原點

看遠又看近，整體就會變得模糊不清。雖說某些特殊情境，例如在大範圍內尋找特定目標物，或射擊之類的體育活動，看遠又看近有助於達成目的，但通常不會促成直接的行動。

人的大腦基本上有三種功能，可以分成思考腦、情緒腦、生存腦，這些功能不可能同時運作。若同時運作的話，「感性」[1]功能（情緒腦）就會變弱，因為腦中瞬間傳導的神經訊號容量有限。

如果想全力發揮某項特質，就要強化那方面的訊號。所以一旦訊號傳導的範圍太廣，整體的訊號就會變差。就像如果想把水管的水噴很遠，就要把前端壓住一樣，因為出水量有限。

1 —— 感性：日本獨有的詞彙，意指人接受外在刺激或資訊後主觀上的體驗和感受，包含感受（Sense）、感覺（Sensation）、知覺（Perception），以及認知（Cognition）等能力。

若以圖表來呈現大腦的「感性」功能，就跟體能測驗的雷達圖（多邊形圖案）一樣，無法全方位拉開整個多邊形圖樣，一定會有某個地方突出（＝才能、優點），某個地方內縮（＝弱點、缺點）。

因此，與其自己一人單打獨鬥，不如跟各個突出、內縮的大腦主人合作，由團隊成員共同打造「漂亮的雷達圖」。而我認為團隊的最小單位就是家人。

也就是說，你要麼必須擁有強大的內心，獨自面對他人的批評，要麼就是找到能夠容忍自己的缺點、補足自己的弱點的人，相互扶持。後者不正是家人存在的意義嗎？

一直以來，我很討厭所謂的「讚美教育」。寫這篇文章的時候，我終於知道理由了。我討厭的是「關注優點」這件事，因為讚美的背後就像是在指責缺點。

這樣說來，最好的結婚對象，或許是那種對方的缺點在你眼中很迷人的人。與其將優點當作選擇另一半的標準，不如跟即使全世界都說他不好，你也願意包容他、願意連他的缺點一起愛的人結婚。

容忍彼此的缺點，才是家庭的原點吧！

想改掉家人的缺點不是明智的方法

我的爺爺曾經說過一句很有趣的話：「身上流著我的血的人，絕對不能當醫生或律師。這兩種都是要看著人性汙點的生意，我的子孫肯定受不了。」

而他的老婆，也就是我的奶奶，經常把幼時的我抱在膝上，邊看新聞邊對我說：「絕對不能上新聞喔。不能做壞事，也不要變名人。因為這個世界會讓妳失去自我。」

我的父親是高中老師，但他從來不會叫我念書或寫作業。他反而認為：「讀書在學校讀就夠了，二流老師才會出回家作業給孩子。」他總是在晚上小酌後，讓我坐在他的膝蓋上，寵溺著我。

「寵人」大概是我們家遺傳的特質。我也繼承了這個特質，甚至像成癮一樣無法自拔。

不僅如此，我的兒子也繼承了這樣的個性。當他還只是個小小孩時，我曾因為工作不順、家裡亂七八糟而遷怒無辜的他，他會抱緊我，在我的耳邊說著：

「媽媽，我只想要妳抱抱我。妳不用打掃，沒關係～」

他現在是寵妻達人——總是深情款款看著老婆，煮飯給她吃，絞盡腦汁想著她喜歡什麼，用盡全力守護著她。而我的媳婦是一位很討人喜歡的美女，對於兒子為她做的一切，總是用感謝和愛大力地歡迎，讓他的情感更加昇華。

我看著這兩個人的互動，就好像在看韓劇一樣。對，連我都感受到滿滿的愛。

在這個從來不會逼小孩去讀書、去補習的家族裡，孩子從未受到壓抑，能夠獲得無止境的滿足和愛。

即使兒子被寵到不行，卻也沒有變成啃老族。

他年輕時曾經騎著摩托車奔馳好幾萬公里，物理學研究所畢業後則進入汽車設計公司工作。前年才在我的期望下到我的公司任職，目前擔任研發人員，而且比我更有商業頭腦。

去前我們在森林買下一塊地，兒子利用週末休息時間蓋自己設計的房子。平時他會做飯給我吃、說些讓我暖心的話，也很愛老婆。

而他的個性依舊懶散又漫不經心，東西隨手扔、事情做一半、忘這個忘那個、永遠找不到東西。不過仔細想想，這是遺傳到我的個性，我也老是在找東西。旁人看來，我一定也是懶散又漫不經心到了極點。

你或許會想：既然知道，那就努力改掉啊！但可沒那麼簡單。**如果有誰治好我們母子倆的「懶散」和「漫不經心」，那麼治好的那一天，就是我們失去自我的那一刻。**我無法繼續寫作，兒子也無法在森林建造房子。

家庭壓力的眞相

當一個人的「感性」[2]變弱，個性就會消失，因此能融入團體生活。

在高度經濟成長期，確實需要大量的這種人才：個性勤勉、符合社會期待、順從上級命令。二十世紀的偏差值主義和菁英教育就是為了教出這樣的人而存在的。

近來引起熱議的「口罩警察」[3]話題，令我深切體悟一件事：這個國家為了集體的秩序，還有個體存在的空間嗎？

在日本，只要民意調查問到「你希望孩子長大後變成什麼樣的人」，前幾名一定會有「對人溫柔」這個答案。孩子追求自己的幸福之前，我們更希望別人先享受幸福，還真是好一個善於「款待」他人的國家啊……二十世紀日本的高度經濟成長要歸功於這樣的民族性吧。

然而，培養沒有個性的菁英或許是適合開發中國家的模式，但對於發展快速且成熟的經濟體並非是好的策略。在這個時代，人工智慧提供大眾化的標準答案，人類的工作則在於發揮個性、直覺判斷。

2——感性：詳見六七頁的注釋。

3——口罩警察：嚴厲糾舉不戴口罩者的正義魔人。

所以，不用再要求每個人都得一味地符合社會期待、成為社會中理想的樣子。

在個人電腦領域開疆闢土並改變世界的賈伯斯，在其演講中提過：「不要被教條綁住。」這裡的教條指的就是符合社會期待的生存方式。他還說過幾句精闢的話：

「你必須找到你所愛的東西。」

「只有自己的心靈和直覺才知道你真實的想法，其他一切都是次要。」

在意世俗眼光、以成為資優生為目標，並導正那些不想成為資優生的人，我們用各種方式將錯誤和失敗降到零，這個國家美極了。然而，這樣的特質在二十一世紀很難生存，也是家庭壓力的來源。

這樣「縱容」就對了

改變對家人的看法吧，不要用世俗眼光評判他們。就算你想改正家人的缺點，也別忘了家人的缺點其實很可愛。

就算你與世界為敵，也要和家人站在一起！這句話看起來就像是電影裡的黑手黨紀律，黑手黨將其成員稱為「家人」。或許對義大利人而言，家人本來就有這樣的意涵。

我並不討厭稱老婆為賤內、稱兒子為小犬這種「貶低」家人的日本文化。我認為對國家規範盡忠職守的日本家庭有它的美。然而在未來的時代，我們必須稍微「放輕鬆」。

溺愛家人、縱容家人，就是本書的主題。

家人使用說明書：
腦科學專家寫給總是被家人一秒惹怒的你

家族のトリセツ

第二章

CHAPTER 2

「溺愛」家人的效用——失敗、弱點、缺點都是拓展人生的關鍵

第二章　「溺愛」家人的效用——失敗、弱點、缺點都是拓展人生的關鍵

家人是用來寵的。

我這麼講，一定會有人立刻打斷我：

「把孩子寵壞了他就永遠長不大，以後要怎麼辦？」

「寵？這樣老婆（老公）的三觀不是會崩壞嗎？」

這些是我常聽到的反應。但，真的是這樣嗎？我認為人性和親情都是愈寵愈強大。

讓我們來思考乍看之下互相矛盾的「寵溺」與「強大」。

缺乏歡笑的家庭，孩子想努力也努力不了

我的父親跟我說過這個故事：

父親任教的班上，有一個十分關心孩子教育的媽媽。這個媽媽某天突然神情凝重地問道：「老師，我該怎麼做才能改變我家小孩的學習態度呢？」

父親居然回答：「蒸很多地瓜給他吃。」

「咦？」

「全家一起吃地瓜，一起放屁，一起大笑。」這是父親的建議。

「這個媽媽一副愁眉苦臉的樣子，完全看不到一絲笑容，他們家肯定很少歡樂。在這樣的家庭長大的孩子，想努力也努力不了。」父親這麼說。

那時還在讀大學的我心想：「呃……怎麼會有老師這樣亂講話？」但我現在終於懂了，這真的是個很棒的建議。

據說父親說完後，這個媽媽終於鬆開緊皺的眉頭，笑了出來，回家的路上還買了地瓜。不管有沒有放屁，家庭氛圍一定輕鬆不少。她的兒子現在應該五十五歲以上了。

父親非常熱愛《魯邦三世》，討厭《巨人之星》。理由是《巨人之星》裡的星家缺乏歡樂。

「在這種家庭長大的小孩缺乏幽默感。沒有幽默感是不可能在某個領域做到出類拔萃的。父母對孩子成天板著臉是很殘忍的事。」父親如此抵制這部人氣漫畫。

身為老師的他，卻推薦小孩看盜賊《魯邦三世》，因為他對魯邦的幽默和俠氣情有獨鍾。

「在缺乏歡笑的家庭長大，孩子想努力也努力不了。」

我的腦中浮現父親說這句話的表情，感受到他對學生的愛。教職果然是他的天職。

我的父母從來不會逼我念書，也不會要求我要規矩有禮，對我的期待似乎很低？就算我衝破和室紙門、在牆上亂塗鴉，他們都覺得我這樣很搞笑。成績爛？他們大笑。我的父母就是這樣。

他們不會要求我必須在學業上有傑出的表現，也從來不會叫我要事先預習課業或把我送到補習班。剛上小學的時候，我甚至連自己的名字都不會寫。

「先把妳教會了，妳到學校不就很無聊嗎？」父親對我說。

雖然我也想過，如果他們可以對我更嚴格，我應該會更有成就，但現在的我非常感謝那段隨心所欲的成長時光。

教不出一流孩子的父母

我有個朋友叫伊藤佳子，是一名高爾夫球選手。她美到有「高爾夫球界美女始祖」之稱。她有自己的一套運動哲學，並成為知名教練，經常受邀上ＮＨＫ的高爾夫球教學節目。

幾年前，女高爾夫選手正好成為熱門話題，當時我和她吃過一次飯。

「現在高爾夫教室很搶手吧？」

「對啊，連幼兒教室都要排好幾年的隊。」

我在腦中想像孩子們專注聽她講授高爾夫哲學的樣子，突然想到一個問題：「怎樣的小孩才能成為頂尖的職業選手呢？」

「每個小孩都有機會。高爾夫是全人運動，不必在空中翻四圈，也不需要特殊的身體技能。」伊藤如此回覆。

然而，她卻突然一臉嚴肅地說：「只有一種父母教不出一流的選手！」

「是怎樣的父母？」既是媽媽又是腦科學研究員的我，當然不會放過這個問題，全神貫注等待她的回答。

「只在意結果的父母。如果父母的情緒跟著結果起伏，孩子就會害怕失敗。如果父母表現得比孩子還要失望，孩子就沒辦法成功。」

她的話令我為之一驚。因為這句話的意義與我的人工智慧研究有著密切關係。

人工智慧發展初期

一九八八年左右，我在自己的電腦上安裝了超小型的人工智慧——「神經網路」（Neural Network, NN）的試製品。

神經網路是模仿人類腦神經迴路的系統，由模擬大腦神經元的節點

（node）與仿造腦細胞突觸的連結線（link）所組成。神經網路是人工智慧的核心技術，狹義上來講，人工智慧就是神經網路。

二〇一六年打敗南韓圍棋棋手，宣告人工智慧超越人類的時代已經來臨的AlphaGo也是神經網路，不過通常大家稱之為深度學習。深度學習是指在多層（四層以上）的神經網路上所進行的有效學習法。

神經網路透過持續的學習模式來儲存學習成果。以AlphaGo來說，它學的不只是圍棋的規則，還有棋譜的模式。學習結果潛藏於神經網路的深處，所以我們無法知道AlphaGo的世界觀，就像我們無法窺視大腦裡的東西一樣。

AlphaGo的神經網路有七層，擁有一百一十萬個神經元、七億三千萬個突觸；而一九八八年富士通研發的神經網路晶片則有三層，擁有二十九個神經元、二百三十二個突觸。神經元的數量愈多，學習的複雜度就愈高，也更難控制。因此，神經網路從初期階段發展至AlphaGo的程度就花了將近三十年。

值得一提的是人腦的神經元數量，在大腦有數百億個、在小腦有一千億個。從這件事不難發現人腦的功能密度實在令人嘆為觀止，人類有著無窮的學習潛能。

將棋棋士藤井聰太說過，他會用全新的走法讓AlphaGo吃苦頭。看著他，不禁令我對人腦的強大驚嘆不已。雖然我不懂圍棋，但很喜歡看著他思考的樣子，絕對是人類的稀世珍寶無誤。

不敗的AI感受力超差

我們讓神經網路學習輸出和輸入的組合（學習模式），讓它知道輸入特定訊息時就要輸出特定資訊，反覆學習各種模式後就會照著這些模式行動。也就是說，神經網路是一種可以自己學習，而且不需要程式的機器。

人工智慧令人驚嘆的地方在於，就算是學習模式中沒出現過的情況，它照樣能處理。讓人工智慧學習N件事，它就能得心應手處理好這N件事，即使是第N＋1件事、第N＋2件事……一樣可以因應，真是個「好孩子」。總之，人工智慧就是把學會的事情做好。

人也是一樣。在學校，把學會的事情做好就會得到誇獎、被稱為資優生，因為答案是固定的。然而出了社會可沒這麼簡單，面對的都是沒有正確答案的問題。

人生就是一條沒有正確答案，也沒有明確目標的道路。創業當然是如此，就連一般的例行性工作也不可能依樣畫葫蘆。時代改變、世態改變，職場的樣態也跟著改變。夫妻關係、家務事、養兒育女都是如此。

也因此，除了把學會的事情做好之外，還需要人類的智慧因應各種新狀況。

活了這麼久，我深深體會到一件事——

「感受力」（sense）即一切。

我們甚至可以用這句話來總結人生。這麼說來，「不敗」的ＡＩ想必感受力很差。

失敗對大腦而言是最好的練習

一九八八年剛問世的人工智慧教會我一個重要的人生祕密——

「失敗」對於大腦而言不可或缺，不僅如此，我們應該大力歡迎失

敗，而非刻意迴避失敗。

要讓人工智慧學習，只要彙整成功模式，它就能在短時間內學會。而如果學習失敗造成短路的話，就會頻繁出現混亂，導致學習時間拉長。然而，後者這種學習方式反而能大幅提升因應新狀況的能力。神經網路是模擬人腦，人腦的運作當然也是如此。

當大腦因失敗而感到痛苦，當天晚上睡覺時便會提高失敗迴路的閾值（臨界值），讓神經訊號不易傳遞，這是非常重要的一件事。因為腦內的迴路數量有如天文數字，如果訊號在這些迴路中到處亂竄，就無法瞬間做出判斷。

舉例來說，如果要判斷眼前一閃而過的黑影是貓，訊號必須傳導至知道那是貓的迴路（＝正確迴路）。如果訊號傳導至牛或老鼠等其他迴路（＝錯誤迴路），我們就無法判斷眼前的黑影到底是什麼，只能呆呆站在原地。

使用正確迴路，才能靠直覺瞬間做出判斷，這就是所謂的感受力，也是我們常說的第六感。要使用正確迴路，就必須知道錯誤迴路，因此遭遇失敗並體驗痛苦是必要的過程。

感受力強、直覺敏銳、有創造力、想法靈活等能力，光靠吸收知識是無法培養的。即使厲害的前輩們與你分享再多切身的成功案例，他們的例子終究只是某一種模式。

只有當你親身體驗過失敗，讓大腦學會區隔這條是「死路」（神經訊號不易傳遞的地方）、那條是「活路」（神經訊號容易傳遞的地方），才能培養上述的能力。嘗到失敗、感受痛苦、重新振作，這一連串的過程對大腦而言是最好的練習。

……啊，我是在快三十歲時才明白這個道理，此後我不再討厭失敗帶來的痛苦。

挑戰是一件好事，不斷嘗試新事物和高難度的目標可以體驗失敗。而且更進一步說，我們要「為了失敗而挑戰」。因為成功就沒有挑戰的價值了，反而令人失望。

「信念堅定」比「得到認同」更令人愉悅

或許你會以為，挑戰新事物能幫自己累積資歷、創下紀錄、獲得肯定，但很遺憾的是，我並沒有得到什麼可以拿出來自豪的東西，任何證照、頭銜、獎項都沒有。

我跟著好奇心走，打開每一扇窗，從不停下腳步。我的挑戰僅止於此。出於好奇心而挑戰一件事，最後又能獲得肯定的人，我覺得真的非常厲害，但我的好奇心沒能讓我達到那種境界。

但我解開了世界上的幾個謎題。我成功找出大腦中的「男女隔閡」，並將語感數值化，踏入一個至今從未有人抵達的領域。我非常開心能接觸到這個領域，因為這是一條未知的道路，是充滿失敗風險的奇境。

我想要的是感受力，不是成果。

感受力是一種能在新事物中悟出答案的力量。感受力愈強的大腦，愈能快速理出答案。我也不在意他人會怎麼看待我找到的答案，因為「信念堅定」比「得到認同」更令人暢快。

不迷惘、不懷疑、不偏執、不逃避、不在意他人眼光……要活出如此自在的人生，靠的不是財富和掌聲。

沒有堅定的信念就會永無止境地追求認同，活在他人的期望裡，活在心靈的飢餓地獄裡。

而想要擁有堅定的信念，就得不斷失敗。大腦就是為此而打造的。

我也希望兒子擁有這種力量，所以不會特意要他避開失敗，或害怕他會失敗，也從沒用過打罵教育。

正確的失敗方式

接下來要談的是高爾夫球選手伊藤佳子說的：只在意結果的父母，教不出一流的選手。不只高爾夫球，所有需要「策略」的領域，從失敗中學到的都比成功來得多。

當父母害怕失敗，孩子也會恐懼失敗。當父母過度期待孩子成功，孩子反而會因為壓力而難以成功。一旦害怕失敗，就會因為失敗帶來的衝擊太大而無法反覆從中學習，導致大腦不去反省失敗。這樣的循環會讓自己落後他人一大截。

雖說不用害怕失敗，但也不能覺得失敗無所謂。如果一點都不難過，大腦就不會認知到失敗，也無法改變大腦迴路。

因此，失敗也是有一套「正確」的方式：

1. 不害怕失敗，勇於挑戰。
2. 失敗後坦然承認，並為失敗感到難過。
3. 相信「過了今晚會變更聰明」，好好睡一覺。

以上就是讓大腦達到極致活化的「失敗法則」。

第三點的「變更聰明」是指認知功能的提升。認知功能與成績、運動協調性、溝通技巧、商業頭腦息息相關。

一般我們都認為，「做好萬全的準備，打一場安全的勝仗」是聰明的做法。當然你用自己的標準做好萬全的準備也就罷了，若是完完全全按照別人的意思，對大腦的刺激就太少了，既無法培養感受力，人生也會變得貧乏。

勇於嘗試，但不在意結果

話雖如此，若是關乎人命和專業的事情則應極力避免失敗。就這層意義來講，最好在小的時候就把失敗都體驗完。

長大之後，如果想增加失敗經驗，我建議從興趣著手。

我認為所謂的興趣就是「付錢，然後準備失敗」，所以大可不用在乎結果。像我跳了四十二年的社交舞就只是純粹跳開心而已，完全不在意別人的眼光。就算整整一小時都被糾正右轉步（兩步的基本舞步而已），也不曾因此沮喪，一秒都沒有過。

反過來說，如果你是收了學費的社交舞老師，就有責任要把學生教到一定的程度，對於成敗會耿耿於懷。

勇於嘗試但不在意輸贏的心態，能幫助你度過人生中的大小難關。在商場上，你的提案總有一天會通過，並且如你所願拓展新事業。當然，這個「總有一天」並不是立刻實現，而是在你歷經了種種失敗，並從中了解原來失敗是這種滋味的過程中，「總有一天」發現自己的實力大幅提升，因為你的大腦持續在進化。

相反的，執著於結果而擔心害怕的心態無法提升大腦的感受力，只能在原地踏步。

讓我再次強調：不該害怕失敗，反而要歡迎失敗。以下介紹三個訣竅可以好好利用失敗經驗來活化大腦。

訣竅1 不要把失敗歸咎於任何人事物

第一個訣竅是「不要把失敗歸咎於任何人事物」。

「是那個人的錯！」

「是這個社會不公平！」

「是我運氣差！」

當你把一切的不順遂怪罪在別人頭上，大腦就無法認知「這是要寫入腦中的失敗」，於是挫敗之後什麼都沒得到，非常可惜。

此外，最好拋棄受害者心態，才有助於讓大腦學習。

我經常建議年輕人多多幫人「頂罪」。就算完完全全是別人的錯，也要跟著對方一起「懺悔」：

「如果我也多留意一下就好了。」

「我也應該多幫忙說幾句好話。」

這種同理對方的想法有助於提升大腦的感受力，同時也是最佳的「療癒金句」，在日常生活瑣事都能派上用場：

【例①】

在炎炎夏日的一大早，老婆打開冰箱：「唉，沒有冰塊了。」

「如果我昨天晚上也留意一下就好了。」聽到老婆嘆氣的你可以對她這麼說。

【例②】

模擬考當天早上，兒子慌慌張張找不到准考證。

身為家長的你，先把「我不是跟你說前一天就要準備好嗎？」這句話收回去，跟著孩子一起懊悔：「如果媽媽昨天晚上也一起幫你準備就好了。」

「如果我也多留意一下就好了。」「我也應該多幫忙說幾句好話。」這種話具有凝聚家人的魔力，能夠療癒受挫家人的心靈，也有助於使自己的大腦活用這個失敗，進而讓一家人共同成長。我認為家人之間如果可以做到這樣的交流，那麼這個家庭肯定是富足的。

而且你只要從自己做起就好。父母說出這句話，小孩也會脫口而出；主管把這句話掛在嘴邊，屬下也會跟著這麼做。無論在家裡或職場，身旁的人都會受到感染，你也能因此活得舒服自在。

不是自己的錯，但卻故意認錯

其實我認為這是「升遷金句」。

我留意到，經常說這類話的人通常深受主管的信賴、部屬的仰慕，客戶的滿意度也很高。

寄出的訂單是對的，卻收到錯的貨品；事前確實發信通知了，對方卻還是記錯時間：當我們遇到這種狀況，直覺反應通常是：

「我訂單都寫對啊，是他自己弄錯了！」

「你有好好看email嗎？」

然而，有些人卻會「主動認錯」：

「如果我避開旺季就好了。」

「型號本來就容易混淆，我應該附上商品名稱。」

「我知道你很忙，昨天應該再提醒你一次才對，是我疏忽了。」

責備別人的人，認為自己的責任範圍只到「下單完畢」；自我反省的人，則認為自己的責任是到「收貨為止」。後者的行事作風往往會讓身旁的人感受到一股領袖風範，因為他們腦中的責任範圍相當大，自然而然會成為領導者。

「我應該再提醒一下你才對……」

這句話乍聽之下像是主動道歉，然而其背後含有共同承擔責任的意思，因此會讓對方覺得「有人跟我站在同一陣線」「他跟我是一國的」。而這才是最高明的管理技巧。

家人也是一樣。有些父母糾正小孩錯誤時，會一臉得意地說「你看看你」；也有些父母願意與小孩共同承擔挫敗，一起懊悔「如果我也幫你多留意就好了」。很明顯的，前者與孩子是敵對關係，後者則懂得「管理」小孩，讓孩子服氣，並得到敬愛。

把他人的失敗轉化為自己的感受力，會讓你獲得更多信賴。當你對別人好，別人也會對你好，這是真的，請一定要實作看看！

訣竅2 不要在過去的失敗中鬼打牆

充分運用失敗來活化大腦的第二個訣竅則是「不要在過去的失敗中鬼打牆」。

我在前面說過，失敗的當天晚上，腦中的失敗迴路閾值會提高，讓神經訊號不易傳遞，如此便不會重蹈覆轍。然而，如果一直無法放下過去的失敗，並在腦中反覆回想，甚至鑽牛角尖，那麼好不容易阻斷的「失敗迴路」就會再次甦醒。

你會發現，**每當做一件事情，若從反省過去的失敗開始著手，失敗率就會變高**。

我在電視節目上講到這一點的時候，主持人跟我分享他的切身經歷：

「我常常叫錯某個來賓的名字。每次他來上節目，我都再三警告自己千萬不要說成○○。但奇怪的是，每次我這麼告訴自己，就鐵定會叫錯……所以，後來我就盡量不去想之前喊錯的經驗，而是拿著主持稿多看幾次這個來賓的名字，以增加記憶點。」

偶爾回憶痛苦的失敗或許能提高閾值，但深陷其中則會造成反效果。特別是在演出前、考試前、比賽前等重要時刻，更不能如此。

訣竅3 不要唱衰未來

除了不要刻意回憶過去的失敗，一直說自己未來會失敗當然也不好。

「你上次和這次都考差了，下次很有可能也會考不好，所以你一定要再更〇〇××……」

這是很多關切孩子課業的父母經常會說的話。

欸……但不好意思喔，被父母這麼一講的小孩，考差的機率很高。因為他們是在失敗迴路活化的狀態下直接上考場。

講難聽點，**有這麼害怕失敗的父母，孩子是不會成材的。**

最後，我再整理一遍上述三個將失敗活用於大腦的訣竅：

1. 不要把失敗歸咎於任何人。
2. 不要在過去的失敗中鬼打牆。
3. 不要唱衰未來。

如果是正式比賽的場合，當然要極力避免失敗，但是我們不必把家庭當成競技場。**家庭是一個允許失敗、用失敗來活化大腦的最佳場所。**

不僅是失敗，在外表現得很有威嚴，回到家可以懶散一下嗎？**在家努力做個「乖孩子」「好老公」「賢妻良母」，在外也得戰戰兢兢，那究竟要去到哪裡才能好好放鬆呢？**

人的大腦需要有壓力的刺激，同時也需要能夠發洩壓力，平衡才是最好的。

教育的最高境界

當孩子開始學走路，父母總會擔心孩子跌倒，這是天下父母心。

然而看看現在的家長，從小孩一歲就讓他學英文，上小學前就讓他學游泳、心算等各種才藝。小孩本身對這些領域有興趣當然無妨，但若對小孩造成壓力，是否該暫停呢？

學校會教的東西，在學校學就好。學校不是用來炫耀知識的地方，而是學習新知的有趣世界。如果上課變得只是在確認所學，那孩子應該會覺得很無聊吧？

幾年前，我看過一個專為兒童量身打造的杯子，標榜倒了也不會溢出。這個現象代表著現在的小孩連打翻牛奶的失敗都被禁止……讓我不禁難過了起來。

現在這個時代，無論養育小孩的人，或者孩子自己本身，應該都活得很痛苦吧……

我的建議是，做父母的首先要擺脫的是「只看結果、不看過程」的價值觀。無須因失敗而生氣，也不要有成功的迷思，與孩子一起經歷痛苦，一起歡笑。

當孩子失敗，只要在他身旁說：

「你的想法很好！」

「你是爸媽的驕傲！」

將棋棋士藤井聰太說過一句話：

「玩將棋一定有輸有贏。得失心太重不是一件好事。」

我認為這是教育孩子的最高境界。

當然成年人要對自己負責，培養在逆境中的受挫力，然而如果在失敗時能得到家人給予的安慰，家庭一定會變成一個溫暖的地方。

不要責怪家人失敗、不要威脅家人不能失敗（比如質問全職媽媽有沒有把家裡顧好），**這個家才能愈來愈好。**

不能寵的事

話雖如此，寵溺家人也是有例外的，那就是生活習慣不在這個範圍內，尤其是飲食太隨便會毀了人生。

例如青春期的少女為了減肥而控制攝取食物的卡路里，做父母的一定要全力阻止這樣的行為。女生在初經之前會迅速抽高，一旦經期來了就很難長高。

當女孩子迅速抽高和開始有生理期，會缺乏動物性蛋白質、鐵質、維生素等養分，而這些「材料」正是身體所需要的，它會組成骨頭、肌肉、皮膚、血液。這個簡單的道理就像做章魚燒需要麵粉和章魚一樣，然而年輕少女往往忘了這回事。

少女們以為只要吃得跟「過了發育期的模特兒」一樣，就能擁有纖細的身材。吃蔬菜配優格、喝一公升的水，就是所謂的「吃飯」。然而這樣的飲食只適合長到一百七十公分，而且擁有適當肌肉和脂肪的人。

小學高年級就營養不良，會有長不高的問題；青春期營養不良，則會妨礙子宮和卵巢的成熟，導致不孕和荷爾蒙失調。

至於男生，發育期比女生晚，身高在十四歲左右最有機會抽高，飲食攝取則要以肉類為主。男孩子食量比女孩大，比較不用擔心營養不良的問題，但也有其他必須留意的地方，就是睡前摸黑滑手機。

視網膜如果在黑暗中受到光線的刺激，會阻礙生長荷爾蒙和性荷爾蒙的分泌。安穩的睡眠可以讓男孩子在青春期長高，並擁有男子氣概。父母要極力避免小孩在睡前關燈滑手機或玩遊戲。

男孩子的身高從一百六十公分抽至一百八十公分的機會只有短短的一到兩年而已，擁有男子氣概也是在這個時期。這麼重要的階段，與愛打電動、沉迷社群網路的時期重疊。所以如果讓孩子太過隨心所欲，長大就會悔不當初。

血糖值影響個性

有關飲食習慣，也要當心甜食。

空腹的時候一次攝取太多醣類會導致血糖飆高。身體為了降低暴衝的血糖而分泌過多的胰島素，會引發低血糖。慢性低血糖症大多是空腹吃甜食的習慣所引起的。

腦神經訊號是一種電氣訊號。由於是電氣，當然需要能量。這個能量即葡萄糖，也就是血糖。所以說，血糖太低，大腦就無法運作。

活力、好奇心、專注力、同理心、創造力、抗壓性、記憶力……都是電氣訊號引發的大腦活動。低血糖的狀態下，大腦功能會衰退，進而導致成績和個性變差。血糖值不穩的人，人生也會變得貧乏。

尤其早餐是三餐中最餓的一餐，必須更加留意。軟綿綿的白吐司、甜滋滋的水果，以及各種甜食都會導致血糖飆高。如果一直把果醬吐司、甜麵包、鬆餅當早餐，很快就會罹患低血糖症。

當然，有些人的體質或許比較特殊，長期吃含糖量高的早餐，身體也很健康。但如果你發現這樣的飲食習慣會伴隨成績差、易怒等狀況，就必須改善。

決定離婚前，先檢討飲食生活

如果有人跟我聊到「老公個性很差所以想離婚」，我一定會建議她：「先調整飲食生活，兩個月過後再看看。」我的意思是，讓老公的早餐吃得營養、午餐吃得豐盛，連加班要吃的消夜也要用心準備，避免空腹時突然攝取太多醣類。

所有執行這項建議的人都說：「老公的個性變了！」

驅動大腦運作的是營養，**要說主導家裡飲食的人，等於掌握家人的人生也不為過。**

或許有些人看到這裡會開始嚴格執行，但我希望你不要矯枉過正，畢竟偶爾吃一頓鬆餅加冰淇淋的幸福早餐其實能換來清晰的頭腦。人類的身體不會因為一天過不健康的生活就壞掉。

常見的娘家問題

前幾天我在節目上遇到一位擔心娘家的提問者向我諮詢一個問題：

她姊姊一家人跟娘家父母住在一起，但是完全不幫忙做飯，而是由母親煮給全家人吃。

現在父親過世，母親也不知能煮到何年何月，她希望姊姊行行好，主動幫幫母親。但無論怎麼「溝通」都是白費唇舌，而且母親似乎也沒有要姊姊幫忙的意思，讓她看了很不順眼，問我有沒有什麼好方法？

吃飯是人生的基本、家庭的主軸，這是一個人生問題。然而我的回答是：「隨便她們吧！」

這位提問者之所以想為娘家「做點什麼」，是出自於兩種心理：

1. 擔心姊姊和母親。
2. 看到母親那麼寵姊姊而覺得受傷。

她必須處理這兩個心結，煩惱才會消失。

首先是第一點，姊姊完全沒有任何問題。

人生真的很有意思。討厭做菜的人，通常會有喜歡煮飯的父母或另一半；任性的人，身邊通常會有喜歡照顧人的家人和朋友，替他打理好一切；一個不煮飯的人，總會有人煮給他吃。

當然，我也會苦口婆心勸一個人住的朋友要做好飲食管理，或找個擅長飲食控管的人當另一半。

以這個案例來說，如果是母親幫忙煮飯，那還要多嘴嗎？即使母親不在了，老公一定會接手，或者本人無論如何都會開始洗手作羹湯。

「以禮待人」比「受人禮遇」更幸福

或許你會認為媽媽很可憐，但倒也不必這麼想，因為幫女兒一家人做飯也是母親的生存價值之一。

大腦會因為「互動」（相互作用）而達到最活化的狀態，這是認知功能的基本構造，以便能立即辨別出與自己產生互動的東西。

嬰兒必須對向自己伸出手的人做出反應才能生存。在原始社會中，茂密的森林裡如果躲著誘捕自己的敵人，必須瞬間察覺並拔腿就跑。而在稍微成熟一點的社會，能察覺出哪些人跟自己合得來，並且密切往來，才會形成一個團體或社群。

大腦天生就具備辨識與自己有關的人事物，並做出強烈反應的能力。因此當我們主動示意，而對方有所回應，大腦會產生最大的快感。換句話說，從大腦的功能來看，比起「受人禮遇的人」，「親切待人的人」會活得更充實幸福。充實感可以活化大腦，孩子在發育期會變聰明，成人之後則不會變痴呆。

成為「被需要」的存在是一種美好的存在，就像嬰兒和貓咪總是使人融化一樣。

再回到那位每天得替女兒一家人煮飯的母親，即使稍有怨言，仍然是「被需要」的美好存在，也確實可以促進大腦的健康。

這種雙贏的關係，不容第三人置喙。

家庭就是一種不公平的東西

如果還是覺得心理不平衡的話，必須化解另一個心結。

提問者一直對「隨心所欲的姊姊」和「溺愛姊姊的父母」耿耿於懷。她應該是個正義感強又做事認真的人，才會被傷得這麼深。如果是這樣，與娘家保持距離就好。

親情本來就沒有所謂的公平與正義。

兄弟姊妹之間，如果有「乖小孩」和「壞小孩」，通常父母會比較偏袒壞小孩，反而要乖小孩忍耐——因為這麼做最方便。

社會的運作系統中，有一個特質是將風險降到最低。人腦也不例外。要乖小孩忍耐，比起叫壞小孩忍耐容易；把事情交付給懂事的小孩，比起交給叛逆的小孩來得安心。

除此之外，我在前面也提到，大腦天生偏愛與自己有所「互動」的對象，這就是為什麼許多父母老是疼愛「無能」的孩子，因為這樣的孩子需要關注、教導，甚至責罵。

父母自以為公平，其實根本不公平，因此發生好孩子反而被忽視的矛盾。

和叛逆小孩一起成長的乖孩子，心真的很累、很委屈，即使長大後想以「正義」之名化解這個心結，也只會更加痛苦，因為親情之間本來就沒有所謂的公平與正義。

如果你在這樣的環境中成長，我為你感到難過。但再怎麼難過也解決不了問題。你只能選擇與原生家庭保持距離，不要再去回想，過好自己的人生。

以前面的人生問題來講，不幫忙煮飯的姊姊確實有需要改進的地方，她應該珍惜年邁的母親，不要再讓她負擔家事。這是對的想法，是正義無誤。然而，這樣的正義也可能變成分裂家庭的利刃。

「為你好」這句話，至今毀了多少家庭？

親情與正義是兩種截然不同的東西。正義感十足的人也會被自己的正義之刃所傷。你說得有理，他們卻勸不聽，還聯合起來跟你唱反調，讓你超級火大。所以請遠離家庭，眼不見為淨。

愛究竟是什麼

人類的顯意識會被對方的優點所吸引，但潛意識卻會憐惜對方的弱點。當喜歡昇華成愛，就是後者超越前者的時候。

如果想吸引異性，並讓對方死心塌地，除了優點之外，弱點或許是致勝關鍵。妳可以試著想想看：一個身材壯碩、有責任感又溫柔的完美男性如果也有缺點，或者只在妳面前表現出不完美的一面，是不是非常有魅力呢？

如果不相信，去看看二〇二〇年引爆第三波韓流風潮的韓劇《愛的迫降》就知道了。

由玄彬飾演的完美男子利正赫，偶爾也會失敗，女主角還會故意稱讚他的部屬「帥」來刺激他。利正赫瞬間露出的表情，可愛到我只想一直重播這個畫面。談過「愛的迫降式戀愛」的女性聽到我這樣的行為，各個都點頭如搗蒜地說：「我懂、我懂！」

有一次，我和一位歐美認知心理學家聊天，她說了一件有趣的事：

「我跟三個男人——老公和兩個兒子住在同個屋簷下。我本來已經下定決心要跟老公離婚，扔下這三個男人然後離家出走，但突然又想到：『如果我不在了，他們會不會找不到東西？』所以我打消了離開的念頭。

他們整天問我：『○○○放在哪裡？』『我找不到×××！』而我就要負責把東西找出來給他們。那如果我走了，這個家就垮了吧……一想到這裡，我就離不開。」

她笑著說這段故事。阻止她離婚的理由，不是老公的優點，也不是這個家帶來的美好回憶，而是老公和兒子們的弱點。

人類就是這麼捉摸不定。

就算你正在和一個很正的妹子吃飯，只要不會換燈泡的女友傳訊息說「廁所的燈壞了」，你就會坐立不安，想趕快回家吧？當你發現自己快愛上另一個人時，幫你踩煞車的理由多半不是現任女友比較正，而是憐惜現任女友的弱點、需要你的地方，最後放棄分手的念頭。

還記得一部很久以前的電視劇，劇中描述兩男一女的三角關係，女主角最後選的不是又ＭＡＮ又帥的男主角，而是柔弱、缺點一堆的男配角。

被男主角問到原因的女主角這麼說：

「你沒有我照樣可以活得很好，他沒有我卻活不下去。」

當時還在讀小學的我完全無法理解。直到長大後我忽然想起這句臺詞，我想這就是「愛」的真理。

大腦對於交互作用會產生強烈的反應

人生本來就不公平。

任性的人人緣很好、懶惰的人得到百般的容忍；而認真努力的人稍微放縱或懈怠一下就會挨罵，備受壓抑。父母和社會都對資優生抱有期待，所以對愈是優秀的人愈是嚴格。優秀的人也會想指責任性懶散的人，但通常只會換來一句「干你啥事」，讓優秀的人陷入不甘心的情緒。

你也可以一開始就選擇不當個資優生。我很小就這麼決定了，但正確來講是我當不了。當我認知到這點，從某個時期開始我就決定不追求有權有勢的職位。因為一旦成了「厲害的人」，大家就不會輕易放過你，甚至可能對你惡意抨擊。

讓人生這麼不公平的原因，就是我剛剛說的，大腦對互動（相互作用）會產生強烈的反應。

當有個人需要自己才能活下去，我們會感到強烈的快感。這也是為什麼我們無法輕易離開依賴著自己、只在自己面前展現脆弱面的伴侶。漂亮、聰明、溫柔、身材好……都是吸引人的魅力，但讓一個人真正愛上另一個人的理由，卻是因為弱點。

溫柔的證明

被吸引然後憐愛——優缺點兼具是建立這種極致關係的條件。如果只有缺點，就只是渣男渣女；但如果零缺點，又太乏味。

我們在看每一部電視劇時，潛意識都會發揮這樣的作用。然而一旦面對家人，卻不容許家人有任何缺點。

我們都害怕自己的弱點被看穿、自己的缺點被指責，既無法正視，也難以忍受。要擺脫這個詛咒，第一步就是從原諒別人做起。原諒別人的人，帶著一種「天真」的特質，覺得別人也會容忍自己的缺點，因此活得比較輕鬆。

不會責怪別人失敗的人，也不會害怕自己失敗。如果你對家人的失敗感到不耐煩，請先「學習」原諒對方。

例如設定一週的時間，在這週內看到家人朋友的任何缺點、懶散任性的行為都要原諒。一開始心裡可能很悶，但你會發現，對方得到諒解後或許會發自內心反省，或說些慰勞你的話，漸漸的你會喜歡上原諒別人。

最後，你也能在家人面前顯露自己的弱點，並懂得體諒家人。弱點是很強大的吸引力。當你原諒別人，就是在告訴大腦這是「溫柔的證據」。

從你放過自己的那一天起，人生的不公平就會消失，你反而會因禍得福。

有些人不懂什麼是溫柔

不過，還是有些很難攻破心防的人，無論你對他們多麼「溫柔」，他們仍然感受不到，老愛跟你鬧彆扭。這些人就像是無底洞的餓鬼，不斷要求你付出更多。

我不覺得這種人可憐，也不會同情他們，但也不認為自己付出的溫柔徒勞無功，因為我深深記住「人是溫柔的」。

要感受並且相信「人是溫柔的」，那麼得到他人的溫柔對待是最快的方法。不過，自己主動對別人好，也是主動證明人具有溫柔的能力，而且更能烙印在潛意識中。

愛說人壞話的人無法打從心底信賴他人，因為他認定別人也會說自己壞話。暢所欲言的社群媒體的可怕之處就在這裡。在網路上罵人或許可以得到一時的快感，但揮向別人的刀終究會刺傷自己，讓潛意識受到壓抑，無法單純地過日子。

溫柔的人相信人是善良的，所以活得很快樂。就算遇到不好的人也不會生氣而讓自己不好受，因為他知道只要與這種人保持距離、過好自己的生活就好。同時，溫柔的人也知道遠離這種人其實是為了對方好，於是能夠爽快地離開。

沒錯，真正溫柔的人不會執著於一段不好的關係，也因此永遠都會遇到溫柔的人。溫柔就像波浪，只要你溫柔待人，對方一定會以相同的方式對待你。

當然我們也可能因為誤會而與他人疏遠，這種時候只要盡力就好。就算你卯起來表示善意，對方仍舊不領情，我建議直接放棄這段關係。

或許是性格天生如此，也或許是成長環境所致，有些人的腦中不具備「溫柔的機制」。他們就算沒有溫柔的一面，也能活得好好的，只要找到觀念投合的人就好。

有些人的大腦有溫柔的機制，只是對於特定對象比較苛刻，例如當他們受到刺激，想起不愉快的人或曾經傷害他們的人。當對方封鎖自己的心，即使你掏心挖肺、拚了命地對他好卻仍舊得不到回應，那就不必執著，遠離才是真正的溫柔吧？

不過……如果對方是家人呢？

歸心似箭的家 vs. 不想踏入的家

當你遭遇挫敗，家人會與你一起難過，一同懊悔「沒有幫你多做些什麼」，陪著你思考如何解決問題，讓你睡得安穩。當你因為一點小事而感到開心，家人也會跟著你一起慶祝，共同沉浸在喜悅中。因為家人認同真實的你。如果生長在這樣的家庭，長大之後還是會想回家。

但如果一回到家，等著你的是這樣的場景呢？

「你是不是又胖了？」

「什麼時候要結婚？」

「不要被老婆騎到頭上！」

一見到家人就被這些話瘋狂「問候」，或者家人主動向你抱怨東抱怨西，說自己身體哪裡不舒服、外面的誰誰誰對不起他。即使你想為這個家灌注「正能量」，跟家人分享一點小確幸，卻招來酸言酸語：

「又在亂花錢！」

「你要小心一點，因為你很粗神經！」

如果有這樣的家人，你應該很想拿各種理由（例如疫情）當作不回家的藉口。

而更有可能的是，如果你又建立了一個讓人不想回去的家，豈不是讓悲劇無限循環了嗎？因此，你必須靠自己擺脫這個魔咒。

人很難改掉在原生家庭所培養的習慣。因為基本的「感性」[4]在三歲以前就建立，說話習慣則是八歲以前。

4——感性：詳見六七頁的注釋。

如果你的原生家庭是那種讓你不想回去的家，那麼很遺憾的，你必須拋棄父母。我的意思不是像字面上那樣不照顧父母也不回家，而是在心中與父母切割，不要被父母的話語或表情影響情緒，也不要再因為聽到父母的一聲嘆氣或任何一句刺耳的話而受傷。

父母說的話之所以讓你特別難受，是因為你們擁有相同的價值觀。你也想符合社會期待、成為社會中理想的樣子。而當你做不到，父母便開始對你扣分，進而對你說些刺耳的話，觸怒了你。

若想擺脫父母的價值觀，除了在心裡與父母切割之外別無他法。

無須對父母冷處理，而是以你希望被對待的方式，溫柔地對待他們，這樣對你而言才是好的。

當然你會很辛苦，但這樣的人際關係才能融洽。被溫柔對待的人往往不會再口出惡言；原本互相埋怨或唱反調的親子關係，也會因為突如其來的溫柔而變得比較見外、客氣。

溫柔的態度是自我保護的盔甲。

你無法改變自己的原生家庭，但你可以改變自己的家庭。請打造一個讓家人想回去的家、讓倦鳥可以歸巢的家，讓家成為每天回去都能感受到溫暖的地方。

第三章

CHAPTER 3

因為是家人
所以「不能做」的
四件事

第三章　因為是家人所以「不能做」的四件事

前幾天，我一直聯絡不上兩個平時保持往來的朋友。當時我正在跟媳婦一起打掃家裡，順口向她提到這件事。

「難道地球默默背著我們滅亡了？除了我們之外，沒人活下來？」媳婦開玩笑地說。

「就算是這樣，只要我們一家人能聚在一起，我一點也不在意。」我笑笑地回她。

媳婦也漂亮地回了一句：「是啊，只要我們四個人在一起就什麼都不怕。」但她又接著說：「欸但這樣一來，人類的繁榮不就都靠我一個人了，因為只有我能生小孩……（笑）」

「人類要繁榮，勢必還要有另一個家庭吧？既然我們活著，一定也有其他存活下來的家庭。我們到世界的各個角落尋找他們吧！」

「好！走吧！」

這個下午，我深刻體會到我們這個家，是「無可取代」的美好家庭。

家庭需要「規矩」

我的家庭之所以美好，不是因為每個成員都很優秀，而是因為互相包容，大家都能活出自己的個性。

在我們家，失敗會得到安慰，半途而廢會得到包容。回到家，就像是回到避風港；只要家人聚在一起，什麼事都能解決——這就是我心目中無可取代的家庭。媳婦的話讓我知道，我們家已經達到這樣的境界。

然而，我還是不能掉以輕心。

人有著無窮的「上進心」。孫子出生後，我可能會失心瘋變成虎嬤；可能會擔心孫子失敗而管東管西；也可能希望聽到別人稱讚孫子，所以不停嘮叨。

為了避免這個情況，我們家有幾條「溺愛家規」，這是讓家人可以盡情失敗、像安全網一樣的家規。

容忍家人丟三落四的方法

我和兒子丟三落四、糊裡糊塗的等級，可不是一般人能理解的。

「你有看到我的眼鏡嗎？」

「鑰匙不見了！」

「手機消失了！」

「我的包包在哪？」

「調味料放在哪？」

「我有一件衣服找不到！」

……我們兩個隨時隨地都在找東西，有時就連「一直都在原位」的東西也沒看到。

「不就在原本的地方嘛～」媳婦又氣又好笑地跟兒子說。

「奇怪，什麼時候出現的？」

對，明明就在眼前卻沒看到，真是奇怪、奇怪、太奇怪了。

因此，我們家有一條特別的溺愛家規——「ＣＤ或書不見了，再買新的就好」。

這其實是我為自己訂定的規矩。當找不到想聽的ＣＤ或懸疑小說下集，真的壓力很大，整天心神不寧，最後連煮飯的力氣都沒有，只能叫外送披薩，寫書也寫不下去。而且我發現，一旦我變得無精打采，家人工作和讀書的效率也會跟著變差。有形無形的經濟衝擊大概都超過一本書了。既然如此，不如趕快買新的對大家都好。

這個家規還有一個好處，就是只花兩千日圓就能讓人覺得過得很「奢華」。或許你會問：不過是ＣＤ不見再買一張新的，有這麼奢華嗎？對我而言，這麼做的奢華感，強烈到好比去高級餐廳用餐。

兒子似乎跟我一樣，只要我在他找不到東西的時候對他說「買新的吧」，他會露出「可以嗎？妳講真的嗎？」的喜悅表情，好像比收到任何禮物都開心。

「那如果找到了怎麼辦？」兒子問道。

「送給別人就好啊！我們喜歡的東西，一定也可以帶給別人同樣的喜悅。不然賣掉也可以，反正不管怎樣都能讓支持的作者版稅增加一倍。」我這麼回他。

神奇的是，自從我家訂下這個規矩後，幾乎再也沒有書或ＣＤ「消失」了。我們是在十年前訂這個規矩，但至今只用到幾次而已，兒子大概也只用到一、兩次。

花個幾千日圓就能讓心安定下來、讓兒子覺得「媽媽真好真大方」，CP值超高的。

「獨有的規矩」使家人產生凝聚力

當家人找不到東西、忘東忘西，全家一起苦笑、煩惱，陪他想解決辦法，而不是劈頭就責備他。除了書或CD之類的東西，這個規矩也適用在其他面向。

兒子經常弄丟東西的根本原因在於「隨處亂放」和「走到哪丟到哪」，而老公一直抓著兒子的小辮子窮追猛打。然而託老公的福，這二十多年來讓我知道「怎麼罵兒子也沒用」。

我自己就是從小被罵到大，仍然改不掉丟三落四的壞習慣。就算有幾次丟掉重要的東西也本性難改（雖然有稍微檢討一下），這大概就是大腦的原始特性吧。況且，弄丟東西的當事人一定比誰都傷心難過，那麼家人也沒必要再落井下石，給對方壓力吧？

這個規矩或許不適用於所有家庭，但我認為每個家都要有「獨自」的規定，最好是那種別人聽到後，眉頭會皺一下，甚至超乎常理的規矩。因為家人共享一個祕密有助於建立強烈的凝聚感。「不好意思跟外人提、我家獨有的家規」能建立起家人的共識。

我們家的溺愛家規除了「ＣＤ或書不見了，再買新的就好」之外，還有一項是「爸爸媽媽一起幫小孩寫暑假作業」。

很多人一聽到這個「獨特」的家規都紛紛喊道：「太誇張了吧！」

「簡直太不像話了！」但事實上我們也並沒有因為這樣而過得不好，這是我活了六十年的體悟。

母親的名媛氣質vs.女兒的僕人性格

有人曾對我家的「東西不見了再買新的就好」這個規矩提出質疑：「這樣會讓小孩變得不珍惜東西，浪費成性吧？」但我家好像從不擔心這種事，小孩也沒有奢侈成性。

兒子讀大學和研究所的六年間在外面租房子，伙食費都管理得很好，常常會聽到他說：「最近超市的高麗菜很便宜，所以這週我發明了三種高麗菜料理。」除此之外，他還會乖乖把用不完的伙食費還給我。雖然我要他自己留著，他卻執意說：「我錢不夠用的時候妳會再給我，所以我用不完也要還給妳，這樣才公平。」

他是由祖父母和雙薪父母帶大的獨子，從來沒有因為錢吃過苦，我也沒教過他怎麼管理金錢。

我認為金錢觀是教不來的，應該是天性造就。

就舉我自己的成長背景為例，我母親的娘家是做生意的，那時是昭和初期（約一九二〇到一九四〇年代），沒有結帳系統，收到錢就放在店裡的籃子。

「我們都會從籃子裡『借錢』，拿去買自己想要的東西，而且做得好像天經地義一樣。但妳從來不這麼做，不會亂花家裡的錢。妳弟和妳一起長大的，他卻會這樣，我也是。」

母親如此稱讚我的「誠實」，但我自己知道這正是我對金錢小氣又固執的地方。

母親花外公外婆的錢，花得理所當然。多虧她這種個性，才順理成章地靠老公的收入成為幸福的家庭主婦。相較之下，我如果不自己賺生活費就會很焦慮，我念大學時也是打工當家教賺自己的學費（當時的國立大學學費比現在便宜很多）。

最致命的是，我在很年輕的時候就發現，我沒有「超支」的本事和能耐，也沒有奢華的勇氣和能力，絕對不可能成為頂尖企業家。因為從我懂事以來就看到母親與自己的不同。

母親擁有名媛氣質，而我則是僕人性格。

母親傳承的遺物

擁有日本舞蹈名取[5]資格的母親，具有獨到的審美眼光，總是可以買到超高檔的物品，像加賀友禪、辻花染、織入白金線絲的腰帶等等。

母親收藏的和服，很多都出自國寶級職人之手，而且只有一件。完全不懂這些就繼承母親和服的我，曾穿著母親的和服而被銀座的媽媽桑稱讚，我這才知道這些和服的價值（老實講，母親的品味和收藏真的很令人驚豔）。

我嫁人後，母親極盡日本傳統的奢華方式，為我訂製繡了娘家家紋的喪服腰帶；還自己設計包包，再請別人製作。

我也繼承了這個包包，把這個包跟一些名牌包放在一起，一眼就看出這個包「不簡單」。它在側邊和底部的細節上毫不馬虎，使用的是往往只會用在顯眼處的皮革所縫製，展現出鱷魚皮的美麗圖紋，也運用了穿山甲的幾何圖紋交織出動人的樣貌，是一項絕美逸品。

有人問我這個包包在哪裡購入，我不假思索地回答「媽媽給我的」，結果又被追問「是哪一家名門」，真是令我哭笑不得。

一個嫁給鄉下老師的女人，美感居然好成這樣，實在令人讚嘆。

母親雖然花錢花得很豪氣，但絕對不浪費。不會亂買，也很會保養。她用過的包包比新品更有味道。包包一開始的使用非常重要，就連她的朋友買了新的包包都要她「先幫我用一用」。

比起收到新東西，我深深喜愛母親留下來的和服和包包。人的大腦很神奇，可以從一件物品感受到主人的氣質和用心。

然而無論我再怎麼「努力」也無法擺脫僕人性格。貴的東西買不下

5——名取：獲准使用藝名的舞者。

手，我的包包看起來也破破爛爛的。總之，我沒有奢華的品味，而母親的奢華氣質對我而言就像是寶藏。

或許在某些人眼中她是「亂花爸媽錢的女兒」或「揮霍成性的老婆」，但在我眼裡她是「帶我認識美麗世界、如同女王般的母親」。父親也因為母親的奢華性格，認分地辛勤工作。

我蒙受母親的恩惠。儘管我沒什麼品味，但我可以模仿她，所以在一些名流或收藏家的面前也無所畏懼。

家庭是相反特質的聚集地

家人的個性不管是「奢侈成性」還是「掉東掉西」，一定有其功用。人一定會被個性與自己互補的伴侶吸引。家庭就是性格相反者的聚集地。

一個人的浪費，可以讓另一個節儉的人過得更奢華。很會賺錢的人，也可能是健忘的天兵。經常丟三落四的人，也會遇到擅長把東西找出來、讓事情圓滿落幕的天才。

家庭就是凹凸面互相組合的團隊，共同畫出又大又漂亮的圓，讓人生圓滿。

家庭是無法取代的東西。

不過話說回來，要讓個性如此不同的一群人相處融洽，需要一些規則。接下來我要介紹我覺得不錯的「家人使用法則」。

法則1 不要把「世俗」帶回家

從某個角度看是浪費，從另個角度看卻是享受人生——翻轉自己的觀點會讓人生變得更愜意。我認為可以養成這樣的思考習慣。從反面的角度來思考人生中的每件大小事，不只有助於建立良好的親子關係，在職場上和生活中也會變得更圓融。

〈國王的新衣〉裡的國王真的是裸體嗎？

安徒生的童話故事中有一則是〈國王的新衣〉：

裁縫師告訴國王「這是笨蛋看不到的美麗布料」，國王只好假裝看得到，並穿上以這塊布製作的衣裳外出遊行。而迎接國王到來的群眾中卻沒人看得到衣服，只看到國王裸著身體。正當人人惶惶不安，也不敢說實話時，一個天真的小孩跳出來說「國王沒穿衣服」，才使整件事敗露。

我曾經跟還在念高中的兒子聊起這個故事。

「裸體的國王真的沒穿衣服嗎？如果笨蛋看不到的布料真的存在，就表示所有國民都是笨蛋啊！」

兒子回我：「就算是這樣，國王還是傻蛋。因為他無法看清國民的愚昧。這種人沒資格從政。」

我心想說得也對，兒子接著說：「如果故事結尾是這樣呢？當小孩說出國王沒穿衣服的剎那，突然看到國王身上的衣服……那寓意就更深了吧。」

小孩子勇於在眾目睽睽之下指出為政者的愚昧，其率直與機靈使他看見那件原本不存在的衣服，並因而晉升為聰明人。如果是舞臺劇，就可以利用這一幕反轉世界觀。觀眾甚至可以進一步猜測其實這是國王精心策畫的劇本，他是為了尋找賢人才上街遊行的。

我對兒子的想法由衷佩服。

像這樣，我們母子倆從以前到現在就經常在玩這種翻轉事物「面貌」（與其說是觀點，我認為更像是一種面貌）的遊戲，而且通常都是我對兒子「甘拜下風」，這種感覺就好比本來在教小孩玩將棋，最後卻輸小孩一大截一樣。

蚱蜢眞的比螞蟻懶惰嗎？

你不妨也在親子對話中融入「翻轉事物面貌」的技巧。這個方法很適合啟發孩子的想像力。

例如我很討厭〈螞蟻與蚱蜢〉這個故事：

辛勤的螞蟻在夏天的豔陽下工作，遊手好閒的蚱蜢卻在玩耍、演奏音樂。入冬後，蚱蜢無家可歸也找不到食物，於是向螞蟻乞討，但螞蟻認為「不工作是一種罪」，所以不理睬蚱蜢。

我唸這個繪本給兒子聽的時候，愈唸愈生氣。

「就是因為蚱蜢在演奏音樂，螞蟻才能開心工作不是嗎？螞蟻沒看到蚱蜢的好，真是不近人情。蚱蜢也沒想到可以針對無形的效益索取對價。

這個故事到底對人生有什麼幫助？」

年幼的兒子冷靜地說：「這個故事告訴我們不勤奮工作就沒飯吃，幼稚園老師是這樣講的。」

「所以啊，從工作的角度來看也不對啊，蚱蜢的工作就是提供音樂。」

我們一直是這樣在討論很多事情。

愛酸言酸語的人會失去很多機會

不過，反轉事物面貌時，有一件事要注意。

「那個人嘴巴上是這樣講，但其實他私底下都……」

「你那樣絕對行不通的啦，因為……」

在家裡，不對，在人生裡，最好不要像這樣用反諷的方式推翻別人的想法。

「嘲諷他人」和「自我貶低」是一體兩面。對別人酸言酸語的人，也會覺得別人講話都是在諷刺自己。因為大腦認為「自己這麼做，別人也會這麼做」。

如果你經常因為一點小事就嘲笑別人，久而久之就會覺得這個世界很可怕、充滿敵意，無法與人單純互動。當你正在臺上進行重要簡報，即使臺下的人好心給你建議，但在你聽來都像是諷刺、嘲笑，無法坦率接受別人對你的好、對你伸出的援手，這會讓你失去很多機會。

人生還是單純一點好。

我在私人企業擔任研發團隊主管時發生過一件事。

那時，某位部屬跟我處得很不愉快，彼此溝通不良。這是一個研究感性[6]的團隊，所以合不來真的很難做事。我對他也很「壞」，要他自己主動申請調到別的部門。

某天我加班到很晚，回過頭才發現整層樓只剩下我們兩個。我們一起關燈，然後去搭電梯。從二十一樓搭到一樓的過程中，他突然對我說：

「謝謝妳一直以來的指導，我知道都是為了讓我做得更好，我真的學到很多。」

他的這句話讓我很想哭……我刻意把頭低下來，不想被他看到。

他如此的坦率，非常難能可貴，我也不再覺得他很討厭、把他當眼中釘。正因為他是如此寶貴的人才，我卻無法幫助他成長，最後還是決定放手讓他去別的單位發展。

純真，是一種強大的力量。它可以讓惡意變成一種學習，轉變成幫助自己的能量。

猜不透別人的心思，照樣可以活得很好

我們再回到前面說的，用嘲諷的方式推翻別人的想法，這其實是一種習慣，大多是跟父母或原生家庭的照顧者學來的。

如果父母沒這麼做，小孩自然也不會。如果你是做父母的，真的要避免這種行為，這也是我的育兒方針之一。我希望用純真包圍著兒子，讓他未來活得自在一點。

用冷嘲熱諷的方式否定他人很不好，不過進一步說，這也是一種懂得

6——感性：詳見六七頁的注釋。

察言觀色、推敲他人心思的重要能力。想法簡簡單單、活得單純自在當然很好，但是太過單純，甚至不懂得去解讀他人心思，在社會和商場上反而會吃悶虧。

社會上確實有些人是笑面虎，嘴巴上說「你很厲害」，心裡根本不這麼想，還在背地裡捅你一刀。

但是，有需要這麼在意嗎？

一位跟我一起跳舞的朋友曾經好心告訴我：「○○○雖然表面上對妳笑嘻嘻，但其實她在背後笑妳的洋裝是便宜貨。如果她跟妳問東問西的，千萬不要理她。」

他說的這個人是一位名人，我的洋裝在她眼裡自然廉價到不行。所以我認為這是誠實的感想，而不是在說我壞話，我對她也沒有一絲反感的情緒。只要她沒有叫我別穿這麼便宜的洋裝來參加聚會，對我其實也沒什麼影響。

我沒在管別人喜不喜歡我，只要我喜歡別人就好。

如果是同事關係，大家溝通順暢，把工作做好就好。比起懷疑他人是否居心不良，這樣做事會比較有效率。

不只是我自己，就算有人對我兒子或媳婦說三道四，我的心也不會起一絲波瀾。我不會要求他們一定得符合社會期待、成為社會中理想的樣子，或是要有人人稱羨的學歷和社經地位，還要知書達禮（不過我倒是很希望他們可以做到女士優先，或把魚吃得乾淨溜溜）。

完全不在意世俗的眼光，是身為父母對孩子最大的溺愛。

天眞無邪的繭

好久以前我搭電車時，對面坐著兩個人。一位是有智能障礙的年輕人，另一位美麗的女性應該是他的母親。

年輕人大概很喜歡電車吧，一副很開心的樣子。他的母親則緊鄰著他，靜靜地看著書。她留著一頭亮麗有光澤的秀髮，穿著版型極好的連身裙，令人印象深刻。

突然間，年輕人像小孩一樣「哇～」的高聲呼喊，母親則沉穩地回應「是啊」「真好」。那是一輛午後乘客稀少的中央線電車，同車的乘客和顏悅色地看著這對母子的互動。

這是好久以前的事了，當時的社會氛圍非常保守，這位母親卻可以如此不在意他人的眼光。她的堅定與美麗身影令我動容。

美麗的母親安穩愉悅地陪伴在孩子身邊，不在意、不畏懼世俗眼光，不煩躁、不強勢、不卑不亢，只是默默守護著孩子——這是母親專屬的魔法，用「天真無邪的繭」包覆著小孩。對所有孩子而言，這就是理想的母親吧！

然而，孩子愈是優秀，父母愈是無法擺脫世俗的眼光。小孩一旦被誇獎過一次，就會努力想成為「乖孩子」，失去了天真與率性。

「從理想開始扣分」會把家庭逼入絕境

前陣子，一位常被誇獎「很乖」「爸媽以妳為榮」的女兒因為心理壓力而接受治療。在一旁觀察的我雖然很擔心她，但我也知道自己是局外人，能做的其實有限。

我們經常在教養書籍或雜誌上看到「讚美教育」這個關鍵字。**其實「乖小孩」跟「壞小孩」一樣危險，因為這兩個都是從世俗眼光出發的用語。**

「乖孩子」「壞孩子」「真優秀」「沒出息」……都是建立在社會價值

觀的評價。讚美教育當然有好的一面，只是當你給予孩子「你好棒」「好厲害」「媽媽好開心」等主觀評價時，要留意這些話語是否隱含著孩子必須達到世俗標準、符合社會期待的意味。

如果把外人的價值觀、判斷標準帶進家庭，這個家一定充滿火藥味，這個家的每個人一定經常生氣。

當父母心中存在著孩子該有的「理想型」，並根據理想型以扣分的方式檢視孩子，就只會看到他的缺點，導致每個人一進家門就覺得很煩躁。

如果女性對自己的理想型是「精通家事和廚藝、在社會上很活躍、眼角沒有細紋、臉上沒有斑點也沒有法令紋、身材凹凸有致」，也是大有問題。就像我在第一章提到大腦不可能樣樣一百分，一旦根據心中理想而對他人或自己加分減分，就會變得焦慮又沮喪。

愈「上進」的媽媽愈會陷入這樣的雙重壓力，也就是母親理想中的小孩與真實的小孩之間的差距。從理想型去扣分，只會把家人逼入絕境。

讓故事教你社會的殘酷

為什麼跟人相處時我們會感覺到輸贏呢？

有一次，一位纖瘦的女性看著我的腰，然後說道：「我老公說腰圍超過六十五公分的都不是女人！」

「是喔？那真是太好了！妳老公認為是女人的類型好像不是很好相處……」我不假思索地說出心裡話。

「喔……」她一臉尷尬。

其實她應該很想說自己的小蠻腰贏過我、比我細吧。

那如果我看著她的胸部說「我老公說D罩杯以下的都不算女人」（這句話是虛構的），我是不是就變成一勝一敗了呢？

這樣的輸贏，到底是在比什麼？

說到我家那對恩恩愛愛的兒媳，兒子說媳婦豐滿的臀部把他迷得神魂顛倒，吃飽後凸出來的小腹可愛到不行。身材纖細的美女，完全吸引不了他。

個人喜好就是這麼回事吧。人人都有自己的原廠設定，為什麼一定要按照「標準規格」呢？

孩子的學業也是如此。

如果有兩個國中三年級的學生，偏差值個別是六十和五十，通常我們會認為勝負已定。但偏差值六十的孩子並無法保證未來絕對比五十的小孩過得富裕對吧？比起接受大量學齡前教育的大腦，以自我步調學習的大腦在未來的職場或發展上反而可能更活躍。

假設偏差值真的等於收入，但有錢也不代表人生就會過得充實。我們沒必要先擬定一個理想型。

我要說的是，不要把世俗標準帶入家庭。平時不要挖家人的祕密，不要冷嘲熱諷，也不要說什麼「乖小孩」或「壞小孩」——這是我建議所有家庭都該有的基本原則。

到了外面，孩子就會感受到社會的寒風刺骨，所以我們不必搶先一步，讓他們在家也沒好日子過吧？

然而，要讓小孩過得安逸，同時避免對社會的殘酷一無所知，那就要讓他們大量閱讀「故事」。小說、漫畫、電影、電視劇等故事中的主角都會經歷各種挫敗，只要讓小孩多看幾本冒險故事，他們就會懂得人世間的殘酷。

除了小孩，夫妻也很適合一起看故事。

我有個常常抱怨「老公不體貼」的朋友，某天突然寫email開心地向我分享：「跟老公一起看《愛的迫降》之後，他開始變體貼了。」

我這朋友是一名成功的女企業家，她老公則是一位手作職人，兩人女大男小，也有著身分地位上的差距。這樣的夫妻關係中，男方不免會「裝酷」。而她老公或許是因為看到《愛的迫降》中體貼女人的男性所散發出的魅力，而開始懂得體貼吧。

爲什麼愛不容易說出口

七〇年代有一部叫作《草原上的小木屋》（*Little House on the Prairie*）的美國影集，是以西部拓荒時代的美國為時代背景，講述拓荒者一家的日常生活。

這是一部播了八年的長壽劇，劇裡的童星從小孩演到長大。最令我印象深刻的是這一幕：

女主角蘿拉有一個美麗優雅的姊姊。

蘿拉知道自己暗戀的男生喜歡正值青春期的漂亮姊姊，讓她不禁也想變得跟姊姊一樣。她刻意展現女人味、塞東西讓胸部變大、穿著姊姊的洋裝。但其實她自己也知道，不管再怎麼模仿也不可能變成姊姊的樣子，所以很沮喪。

就在某一天，母親開導蘿拉：「如果妳一直假扮成別人，那喜歡妳原本樣貌的人要怎麼發現妳呢？」

聽到母親的這番話，蘿拉做回自己，變回原本那個青春少女——活潑可愛，有著不同於姊姊的魅力。

這段故事讓青春期的我印象深刻。自此之後，我不再感到自卑。或許是這段劇情啟發了我，讓我學會不在意他人的看法。

不只《草原上的小木屋》，所有寫給少女看的故事其實都不斷在告訴我們同樣的事——只要活出自我，一定有一扇窗會為妳打開。著名的《紅髮安妮》、黛安娜・韋恩・瓊斯（Diana Wynne Jones）的奇幻文學《魔幻城堡》（*Howl's Moving Castle*；電影《霍爾的移動城堡》原著）等等，都是經典。

容易自卑的女生，除了看結果導向的冒險故事外，也要閱讀教我們「愛是什麼」的故事。

父母並不是因為小孩「乖」「成績好」「有禮貌」而愛小孩，單純因為是自己的孩子。

小孩並不是因為父母「溫柔」「煮飯好吃」「會給零用錢」而愛父母，單純因為是自己的父母。

然而，為什麼我們無法將這樣的愛讓對方知道呢？

我在第一章說過，就是「為你好」的想法阻礙彼此的溝通。

父母說這句話的出發點是上進與愛護孩子的心，但這種「認真」的態度會讓家人的關係降到冰點。其實彼此都沒有惡意，有的只是滿滿的愛。

所以我們才需要本書提到的「家人使用法則」。

法則2 失敗沒什麼好責備

緊接著來看下一個法則——「失敗沒什麼好責備」。

我們不必防範失敗，也不必指責失敗。前一章已經詳述過理由，在這節只說明該採取哪些實際行動。

不要責備家人的失敗，而是要包容家人的失敗。全家一起為失敗難過，一同安慰失敗的家人。

對失敗的家人更溫柔

我家有一條潛規則——「失敗的人可以不必善後」。

如果家人打破杯子，我們會問他「沒事吧」「有割到嗎」，然後抱抱他，並且幫他收拾。不過，通常打破杯子的人還是會自己清理，但因為知道不清理也沒關係，才能勇敢面對失敗的自己。

如果家人找不到東西，我們會全家一起幫忙找。如果有東西要修理，我們會全家一起想辦法。如果家人傷心難過，我們會緊緊抱著他，給他安慰。

無論是打破杯子還是獨自煩惱，當事人一定會覺得孤單難過，這種時候正需要家人的陪伴不是嗎？所以，為什麼我們要責備失敗的家人、挖苦失敗的家人呢？

許多家庭主婦在家裡過得很痛苦，因為經常被家人要求必須把家事做到完美，不被容許一點差錯，真是很令人受不了！

「既然妳這麼會做家事，也可以去工作吧？」

說這種話的老公是怎麼回事!?

當你失敗難過，家人會跟你站在一起，互相關心扶持，家庭不就是這樣的地方嗎？

人一旦被罵，反而不會覺得內疚

我在前一章建議，我們要對受挫的家人說：「我也應該多幫你○○○才對。」

「對了，今天學校開放游泳池了，要帶泳褲。」再過五分鐘就要出門上學的兒子突然跟我說這句話。我知道就算罵他「怎麼不早點講！」也於事無補，所以到三層櫃翻箱倒櫃之前，我主動對他說：「媽媽應該早點注意到才對，對不起喔。」

或許是因為這句話烙印在我的大腦深處，隔年開始，我的潛意識都會事先想到：「游泳池差不多要開放了吧？」

而比起被罵，兒子更記得我用沮喪的表情跟他說「對不起」。人的大腦很有趣，當你挨罵而道歉，就會覺得自己的錯可以一筆勾銷，反而不會反省。如果習慣被罵，更是如此。

我還想到一個親身經歷，是發生在兒子國中三年級——兒子上考場的前一天，我竟然把他的重要文件弄丟了！

考生家長居然犯下這種滔天大罪……正當我翻遍整個家都還找不到的時候，兒子平靜地對我說：「我把文件拿給妳的時候妳正在忙著出差，我應該在妳不忙的時候拿給妳才對。」

我造成兒子的困擾，他卻對我這麼說。我明明該被罵，他卻如此包容我。這段經歷讓我的大腦學習效果提升一百倍。

過了十四年，這件事依然令我印象深刻。那種感覺就像是被包覆在一大片柔軟的羽翼下，是人生屈指可數的「幸福瞬間」。

反向運用因果報應

說到這裡，前陣子我在媳婦匆忙趕著上班的時候交代她一些事情，後來她沒有把事情做好。媳婦是個很有責任感的人，做事一向謹慎周到，因此她很自責，整個人垂頭喪氣。此時，我想到十四年前兒子對我說的話，立刻主動向媳婦道歉：「妳那時正趕著上班，我還交代妳事情，是我不對，對不起喔。」

仔細想想，兒子對我的包容跨越時空，撫慰了他所愛的人。**對家人的「溺愛」就像浪潮一樣一波波湧現；同樣的，對家人的「壓迫」也**

像海浪一樣一波未平一波又起。這就是因果報應吧。

如果是這樣，就在人生中落實「己所欲，施於人」。若「善有善報，惡有惡報」是人世間的道理，那麼我們何不做些開心的事呢？

如果能有這樣的想法，要打造一個無可取代的家庭應該就一點都不難了吧。

法則3

禁用5W1H提問法

有一次，一位育有八歲兒子的母親來找我諮詢，她淚眼汪汪地說兒子完全不理她：

「兒子比較喜歡爸爸，好像我消失他也沒差一樣……」

看著這位母親，我感到非常訝異。她是一位年輕漂亮、像鄰家女孩般溫柔的媽媽。而且八歲明明是很喜歡跟媽媽講話的年紀，為什麼她和兒子會這樣呢？

感到不解的我立刻問她：「兒子放學後妳都跟他講什麼？比如昨天說了什麼？」

「我問他『在學校做了什麼？沒有再跟〇〇玩了吧？』然後叫他『趕快寫作業』。」

……她的回答讓我愣了一會兒。

「在學校做了什麼？趕快寫作業」這種話，就像下了班的老公問老婆「今天做了什麼？還不趕快煮飯」，會讓場面瞬間乾掉。況且，幫小孩過濾朋友……唔，很多人都不能接受這種行為吧？在這裡我就不多談這個問題了。

這對母子的最大問題，就出在許多父母總會不經意地問孩子「在學校做了什麼？」這句話。其實這是讓孩子無言、讓親子之間的對話瞬間句點的必殺句。

突然被問到5W1H，話就講不下去了

對家人不能直接丟出「5W1H系列問題」。

所謂5W1H系列問題，是指以「Who」（誰）、「When」（時間）、「Where」（地點）、「What」（何事、對象）、「Why」（原因），以及「How」（方法）開頭的問題。

「今天做了什麼？」
「在學校做了什麼？」
「要去哪？」
「什麼時候回來？」
「跟誰出去？」
「這個買了多少錢？」
「為什麼不照我跟你講的做？」

「東西放這裡幹麼？」

……你是不是覺得很耳熟呢？你是不是也常用5W1H問題，像下指令或說教的方式跟家人說話呢？

劈頭就丟出5W1H問題，就是企圖打壞家庭氣氛，如此一來，家人關係會變得像「搏擊」一樣，聽到的人彷彿覺得受到攻擊，所以大腦會進入迎擊模式。

不過，我指的是質問「對方行為」的5W1H問題，如果是與詢問者本人或第三人有關的問題則不在此限，比如：「我把之前買的醬料放在哪？」「阿姨的法會什麼時候辦？」

我舉一個父親與青春期子女之間常有的狀況。

當女兒正在專心滑手機，父親瞄了一眼，然後問：「妳在看什麼？」

這時，女兒一定會露出厭煩的表情，接著趕緊把手機螢幕關掉然後走人對吧？

爸爸不能問女兒的問題

「（……咦？也太專心了吧？）妳在看什麼？」很多時候，父親只是想跟女兒聊天才會這麼問。問這句話的心情，就像在問開心畫畫的五歲女兒：「妳在畫什麼？」

「我的結婚禮服～長大以後我要嫁給爸爸～」

父親只是想再重溫一下當時的情景而已，但這麼一問聽在青春期女兒的耳裡卻像是在說：「都不念書，到底在搞什麼？」

其實家庭氣氛之所以不愉快，很多都是對話的誤解造成的。

另外，青春期的女兒之所以「討厭」父親也與生物學有關，她會覺得爸爸聞起來很臭，不喜歡。

動物會從對方的體臭感知基因資訊，判斷是否為交配對象。前面提到ＨＬＡ是與免疫系統有關的基因，動物只會找ＨＬＡ不同的對象交配，這個機制能避免基因相似的雙方進行繁殖。

女兒會透過從父親身上遺傳到的ＨＬＡ來判斷異性的適合度，以此找到與自己的血緣較遠或不同的另一半。所以說，爸爸是「這個世界上最不適合的男性」。

當然這也沒什麼，但對於從小嚷著「長大以後我要嫁給爸爸」的女兒來說，十幾歲之後突然打開「異性感測器」的開關，發現父親是最不適合自己的人，會因此嚇一跳。

而做父親的也不必擔心。女兒會被外面的男性吸引，一旦大腦了解父親不是自己的戀愛對象，就會回到溫馨的家裡。

父親與女兒之間是一種無法用「家人」就能說清楚講明白的特殊關係，彼此的溝通存在著各種祕密和訣竅，我無法在本書中道盡，有興趣的人可以去看看《女兒使用說明書》。

老公不能問老婆的問題

老婆出門時，老公最好也別問：「要去哪？」「什麼時候回來？」據說這是退休老公會讓家庭主婦心跳漏一拍的兩大問題。

這個問題來到後疫情時代就不只存在於退休夫妻間。老婆往往認為自己身為主婦就是要待在家裡，一出門就覺得心虛，因此這兩句話會讓她們覺得遭受指責。

前幾天就有個家庭主婦向我諮詢她的煩惱：

「因為疫情的關係，老公現在在家上班，搞得我連美容院都去不了，滿頭白髮看了真傷心……這種狀態會持續到什麼時候啊？」

「妳就安安心心上美容院吧！因為遠距工作是時代必然的趨勢，就算疫情趨緩，目前的狀況還是不會改變的。最重要的是別再感到心虛了。」

如果老婆覺得老公在家工作時自己有責任幫老公泡茶，也要避免宅配按門鈴時吵到老公，就宛如一顆大石頭懸在心上，無法把家裡丟著，安安心心地出門。既然會感到壓力和焦慮，那就光明正大地出門吧！或許老公也會鬆一口氣？

愈是優秀的家庭主婦，愈是會覺得「要去哪？」「什麼時候回來？」這些聽起來像是「威脅」，為了一句話緊張不已。

當然，其實老公只是單純想知道答案而已。因此身為老公的你，開口問這些之前，不妨先來一句緩和氣氛的話：「今天打扮得很漂亮喔！」這句話等同於告訴對方：「我不是在威脅妳啦……」

如果不好意思講這種話，那就先簡單說一句「路上小心」，然後在適當時機傳訊息問：「什麼時候回來？我要先洗米嗎？」

後疫情時代的家庭樣貌

如果你是想協助在家遠距工作的另一半，或是因為另一半在家工作而覺得不好意思出門的人，請稍微想像一下不久後的未來……

我覺得不久之後，對講機一定會有「在家，但在開遠距會議，無法應門收件」的模式，或者有個ＩｏＴ按鈕，可以在雲端透過按下按鈕來通知宅配人員目前不方便收件。假設每個家庭都安裝宅配公司的ＩｏＴ按鈕，只要按下「遠距會議中」，在模式尚未解除之前，宅配人員不會按門鈴，而是改為將商品投入宅配箱，或晚一點再送。

此外，午餐的問題或許也能一併解決。販售便當的餐車即可出車到住宅區，對於因疫情而受重創的餐飲業是一大商機。

除此之外，未來一定到處都有遠距工作中心，提供大量的個人工作空間，應該也會附設幼兒園吧。有了這種遠距工作中心就不會給家人造成壓力，也不必通勤，更不會在公司內部引發群聚感染。

我相信遠距工作中心和商場合併的商業大樓一定會成為區域開發的核心。疫情爆發之前，這一百年來鐵路一直是區域開發的核心，我們也認為都市空間的發展結構就這麼持續下去。然而，這一切都因疫情的出現而改寫中。

現在，我們可以在電視上看到不動產公司的廣告文案寫著：「有永恆價值的不是愛，是『車站附近的土地』。」一些在外商或市中心大企業就職的工作者，由於每週只要進公司一次，不必住在通勤圈內，於是開始往郊外尋找新家。

有了這層想像，我們便能了解時代的思維模式處於變動中，可想而知家庭壓力也會跟著倍增。

跟家人相處機會更多的現在，一家之煮絕對可以過得一樣自由。但在此之前一定要平心靜氣，不要自我限制，也不要隨便對伴侶發脾氣。畢竟這些隨著疫情而產生的變動與家庭壓力是短暫的，如果一時忍受不了壓力，導致家人感情生疏，甚至發生虐待小孩的事件，那就太令人遺憾了。

絕對不能言語恐嚇

讓我們再回到5W1H的話題。

對著家人問5W1H的你就算沒有惡意，但5W1H問題本身聽起來就像是一種恐嚇，假設又帶著不滿的情緒說出這些話，恐嚇效果絕對會倍增。

例如你拿起髒杯子，氣沖沖地問：

「這個杯子是誰用的？」

「為什麼不洗？」

「為什麼不〇〇？」

「我不是說過了嗎？」

我懂你不吐不快的感受，但家人也不會因為這些話而改善或反省，當下更不可能對你好聲好氣。而且話說回來，你真的想知道「是誰」或「為什麼」嗎？就算家人乖乖回答：

「啊，是我。」

「我用的，怎麼了嗎？」

「不好意思，我忘了洗。」

「因為我不喜歡洗。」

即使如此，聽到這些答案的你一定還是會發火。

其實你根本不想知道答案。這種5W1H問題都是藉機恐嚇，以展現自我優越感。對方也知道這一點，所以跟你硬碰硬。說這些話一點好處都沒有，只會在家中種下焦躁的種子而已。

把「爲什麼？」換成「怎麼了？」

那到底該跟家人講什麼呢？你也無須感到無所適從，其實解決方法很簡單，只要改為問「怎麼了？」和「沒事吧？」就好了，例如：

【×】「為什麼不寫作業？」

【○】「你還好嗎？最近好像常常忘了寫作業，怎麼了嗎？」

【×】「我不是跟你講過臨時加班一定要提前先說嗎？為什麼沒告訴我!?」

【○】「沒收到你的LINE，沒事吧？」

你也可以簡短說一聲「還好嗎？」就能以關心取代逼問。「為什麼？」和「怎麼了？」在英文中分別是「Why?」和「What's happened?」（或「What is the matter?」），也就是說，前者是針對「本人問題」，後者則是聚焦在「外部原因」。

以下再讓我針對常見的親子對話情境舉個例子：

【對話①】

父母：「為什麼不寫作業？」

孩子：「忘了。」

父母：「……（氣個半死）」

【對話②】

父母：「咦？還沒寫作業，還好嗎？怎麼了？」

孩子：「我忘了。」

父母：「那怎麼樣才不會忘記呢？」

用威嚇的方式來要求家人立刻正視並改變自己的缺點、壞習慣，是不太可能的。從自己的角度去想，對調一下立場就知道了。

或許有些人「不喜歡被恐嚇所以乖乖照做」，但在這樣的互動下，說的人和聽的人都會累積不滿的情緒，最後導致家庭關係僵化。

如果把家人的缺點、壞習慣聚焦在外部原因，就可以一起思考該如何改變現狀、解決問題，這麼一來家人之間便能建立信賴關係。

「為什麼？」和「怎麼了？」看似一點點的差異，就能影響家庭氣氛。雖然只是一句話，卻不能小看。

心靈對話 vs. 問題解決型對話

對話可以分為兩種，分別是「心靈對話」與「問題解決型對話」。

心靈對話是同理對方的感受，目的是察覺和理解；問題解決型對話則是確認狀況並指出問題點，目的是處理和解決。

家人之間的對話應該從心靈對話開始。即使有「問題」需要解決，一開始也要從心靈對話切入。就算你想告訴對方「你應該這樣做」，也要先讓對方感受到「我理解你的感覺」「你做得很好」。

家人的第一任務就是給予安全感，讓對方安心、減少壓力，讓大腦的活化程度達到最高。在這樣的基礎下再來解決問題就能觸碰到心靈，產生大腦深層的智慧。

然而現代的日本家庭都是從「對象、時間、地點、事情、原因、方法」展開對話，直接指出問題點和缺點，也就是家人之間偏向問題解決型對話。

原因在於孩子的教育中充滿各種「目標設定」：短期目標是趕快吃飯、寫作業、洗澡，或是早上準時把小孩送出門；中期目標是考試及格；長期目標則是成為傑出的大人。家長眼前有這麼多目標等著達成，家庭裡才只剩下「作業寫了沒？」「在學校做了什麼？」「為什麼忘了帶課本？」等問題解決型的交談。

然而時光流逝，孩子長大後便離開家裡，在外獨立生活，也很少再回到這個家。這其實是很嚴重的問題。這樣的孩子長大後無法發自內心與人真誠交流，就算建立自己的家庭，跟家人之間的交談也傾向於問題解決型對話。

如果你的父母是以這種方式養育你，你必須有意識地停止這樣的惡性循環。

如何開啓心靈對話

讓我總結一下前面的內容：

- 家庭內禁止劈頭就拋出５Ｗ１Ｈ這種問題解決型的交談方式，

因為這會讓雙方進入戰鬥模式。

● 但如果是「番茄醬在哪？」「我忘記參觀教學是什麼時候了？」等無關對方本人的問題，以及取代「為什麼？」的「怎麼了？」和「沒事吧？」則不在此限。

● 除了緊急狀況之外，所有對話都要從心靈對話切入。

心靈對話不是從詢問對方的事情開始，而是從自己的事情說起。我稱之為「話匣子啟動水」。

井水打不上來的時候，會在幫浦裡面倒入一桶水，又稱作「啟動水」。同理，聊天的時候先談一點自己的感受或經驗，對方就會漸漸與你「有話聊」。所謂的溝通就是享受這個「話匣子啟動水」的過程。

我和讀幼稚園的兒子聊天時也會用發生在自己身上的事當作「話匣子啟動水」。

「今天有人在公司跟我說了一件事。他講得合情合理，但聽起來就給人不舒服的感覺。」

「合情合理是什麼意思？」兒子問我。他想了一想也跟我分享自己的事：「我在幼稚園也發生了〇〇的事。」

在這樣的心靈對話下，他以充滿「臨場感」的方式參與我的日常生活，也向我分享很多自己的事，我們互相鼓勵。現在二十九歲的他，依舊跟我保持這樣的互動。

只要運用「話匣子啟動水」，家人的感情就能永遠融洽。

用對方的變化當作話題

「話匣子啟動水」有三種：

1. 留意對方的變化。
2. 聊聊自己的事。
3. 討論。

第一種「留意對方的變化」包括下列四種技巧：

①誇獎

發現對方有「好的變化」就加以稱讚：
「你換髮型了嗎？」
「你好像心情不錯唷？」
「你的手機殼也太可愛了吧！」

②關心

發現對方有「不好的變化」就加以關心：

「你好像心情不太好，怎麼嘍？」

「需不需要我幫忙？」

但這種情況絕對不能具體指出對方「黑眼圈很重」或「髮質很差」等不好的變化。

③慰問

觀察對方的狀況。

例如外頭天氣很冷，對方正好回到家，你可以問一句：「很冷齁？」

如果對方手上提著外出採買的東西，你也可以說：「很重吧！」

④感謝

觀察對方為自己做的事，並說出來讓他知道：

「是我愛吃的〇〇〇！」

「換新床單了耶！」

「謝謝你幫我收包裹。」

唯有一件事要注意。

青春期的孩子受性荷爾蒙的影響，在這個時期，他們「不想受到太多關注」。他們希望「即使你注意到我的變化，也不要刻意說出來」。當你對青春期的孩子使用以上四個技巧，孩子卻明顯露出不悅的表情，就不要再追問了。

這種時候，我推薦使用另外兩個技巧。

聊天沒有重點也沒差

第二個技巧是「聊聊自己的事」。

也就是用發生在自己身上的事來開啟話題，任何無聊的小事都可以，以此拋磚引玉：

「○○公園的花好像快開了。」

「今天雨好大，好久沒下這麼大的雨了。」

「我最近在看歷史劇，裡面的料理感覺好好吃。」

「我中午吃的○○超辣的，舌頭到現在都還麻麻的。」

「這首廣告歌在我年輕的時候很紅耶。」

真的什麼都可以聊，想到什麼就說什麼，不必鋪哏。如果刻意講笑話卻無法達到「笑」果，不僅得自己摸摸鼻子收場，也只會換來對方「喔」的一聲。

然而話家常才能引導對方開口，讓對方自然說起自己的事，與你展開真正的對話。

促使心連心的絕招

有些你覺得哭哭、後悔的日常生活瑣事，特別能跟家人建立深厚的情感，也就是討拍。

搭計程車時司機開錯路繞來繞去、賣家寄錯商品等等，都是很好的「話匣子啟動水」。所以如果我遇到這些事反而會很開心。

前幾天有位男性找我諮詢：

「我家有三個小孩，分別是兩歲、七歲、十三歲。我老婆是家庭主婦。她沒什麼媽媽朋友，所以我每天回到家都會跟她說說話。

但是，她好像一點都不想跟我聊天，而且態度明顯很不耐煩。前陣子還跟我說：『等小兒子十八歲後我就要離婚，現在我只期待這天的到來。』

……我的努力好像都白費了。」

於是我問他每天回家跟老婆聊些什麼，相信讀者應該猜到了，就是禁忌的5W1H問題：「今天做了什麼？」

老婆在家顧小孩、忙家務一整天，卻只換來老公的一句：「今天做了什麼？」心情有多麼絕望。整天任勞任怨、沒完沒了地顧小孩、做家事，這些雜事要怎麼跟老公一一報告？

「今天做了什麼？」是一句很危險的話。如果老婆當天有些家事沒空做，這句話聽起來就像是在指責她：「整天待在家，怎麼不打掃一下？到底都在幹麼？」

在這種情形下，看似無害的「話匣子啟動水」往往會帶來反效果。如果老公對著忙到身心俱疲的老婆說「妳今天很漂亮喔」或「今天公司的陽臺擺了超大的盆栽耶」，絕對只會得到「蛤？」的回應。

這種時候，老公只能跟老婆討拍：

「今天部屬跟我說這種話，真是昏倒。」

「我在電車上讓位給一個老太太，竟然被她瞪，好像一副『我有這麼老嗎？』的表情。」

讓感情加溫的絕招就是「討拍，得到安慰」。不過這屬於高難度的技巧，所以不妨參考接下來的方法。

把家務和家庭問題拋諸腦後

我在前一章說過，大腦會因為互動（相互作用）而活化，意思是當我們主動示意，而對方有所回應時，大腦會產生最大的快感。換句話說，向同事或朋友提出意見時，如果得到對方的認同或採納，我們就會對這個人產生感情。

從大腦的功能來講，受到他人禮遇與主動待人親切，後者得到的滿足感更大。讓家人也擁有這樣的滿足感，試著去依賴他們、感謝他們。

舉例來說，你可以像這樣請家人幫點小忙：

「可以幫我試試咖哩的味道嗎？」

「今天火鍋要加什麼料呢？」

「這次媽媽的生日聚餐要訂哪家餐廳？」

「開遠距會議用什麼Ａｐｐ比較好？」

「我想在這裡擺一個櫃子，什麼顏色比較好呢？」

也可以跟家人聊聊時事議題或火紅話題：

「不知道明年能不能出國？」

「《愛的迫降》好看嗎？」

讓大腦遠離家務和家庭問題，有助於家人盡情暢談。

相信大腦的平衡感

最後，我要補充說明心靈對話所不可或缺的一個重點——同理。

【對話①】

老婆：「昨天你媽跟我說那些話，我有點難過。」

老公：「她沒有惡意，妳不用在意吧？」
老婆：「我知道啊。」
老公：「那妳就不要一直說。」

【對話②】

老婆：「昨天你媽跟我說那些話，我有點難過。」
老公：「她這樣講很傷人，我媽真的神經很大條，對不起啊。」
老婆：「沒關係你懂就好，我想她應該沒有惡意。」
老公：「嗯嗯妳真好。」

這兩種對話，不用我說，你也知道哪種才是對的吧？如果你是屬於對話①的類型，一定要好好改變這種說話習慣。

跟家人聊天時，無論是夫妻或是親子都該先從理解對方的感受開始做起。即使你很清楚完全是老婆、老公或小孩的錯，也要先跟他們站在同一陣線，跟他們一起對「眼前的敵人」同仇敵愾，之後再用公平客觀的角度提供意見。

只有當你百分之百相挺，家人才會覺得「公平」。

大腦本身有著絕妙的平衡感，請相信家人的腦。

法則4　不要侵入家人的「時空」

前面談了幾個法則，讓我們再複習一下：

法則1　不要把「世俗」帶回家。

法則2　失敗沒什麼好責備。

法則3　禁用5W1H提問法。

遵守以上三個法則就能建立無可取代的家庭。一直以來我都是這麼想的，但在這裡，我必須增加第四個法則，原因是出現遠距工作這個新趨勢。

尤其是二〇二〇年夏天，許多公司完全施行遠距工作的形式。我的公司所在的神田界隈地區有很多製藥公司，就企業形象而言，應該不會發生職場群聚感染。然而這幾棟辦公大樓變得安安靜靜，想必是徹底執行了遠距工作模式。但即使如此，這些公司依然正常運作著。

現在社會大眾已經認知到一個事實：一間企業可以靠著遠距工作正常運作。因此，未來即使疫情緩和，遠距工作也會持續發展。

這種情況下，就會出現新的家庭壓力。

沒有自己的空間是一件很痛苦的事

由於家人整天待在家，家庭主婦會覺得一刻都不得閒。愈來愈多的主婦承受著龐大的家庭壓力。她把自己的房間讓給小孩，或者讓遠距工作的老公待在夫妻主臥室專心處理公事，就這麼完全失去了個人空間。就算待在客廳，但畢竟家人會在這裡出出入入，所以完全無法放鬆。

不僅如此，家人還會不斷跟她「說話」，導致無法集中精神做事：

「這杯茶可以喝嗎？」

「廁所衛生紙用完了！」

「今天晚餐吃什麼？」

其實就這點而言，男性也有同樣的煩惱。

當男性陷入思考，通常會停止敲打鍵盤，也沒有在開會或講電話。老婆會以為老公好像在發呆，所以要對方「幫我做一下這個」。

即使跟老婆抗議這樣會干擾思緒、降低工作效率，對方卻似乎完全不以為意：「讓你動一動，刺激大腦不是很好嗎？」然而對於不適合多工處理的男腦而言，這會使工作效率大幅滑落，相當傷腦筋。

不只空間，還需要獨處的時間

我們絕對要想辦法處理這個新壓力，做法就是家人之間的「時空」必須分開。不只空間，也要擁有自己的時間。

例如，規定家人只能在上午九點前、下午三點至三點半，以及下午五點以後互相「交代」事情。如果在其他時間想到需要交代的事情，可以寫便條紙貼在對方的門上，或用傳訊息的方式通知對方，以免自己忘記。

以我來講，媳婦是我的祕書，所以我常常沒留意到時間，在非上班時間聯絡她工作上的事。直到兒子提醒我：「老婆總有一天會被妳逼瘋，希望妳能公私分明。」

即使在我們家，家人擁有各自的活動空間，然而如果被吩咐來吩咐去的話，腦袋一刻也閒不下來。我不希望婆媳關係變得緊張。因此後來我改變做法，在非上班時間寄信到公司的祕書專用信箱，在家則極力避免談公事。我試過幾次之後覺得這個方法很棒。

對於家庭主婦而言，家裡二十四小時都有人在、不斷被「使喚」是很大的壓力。有的老公會認為：「這不就是主婦的工作？天經地義吧！」但就算是上班族也不是時時刻刻都在做事，專心工作之餘也會有休息時間。

基於同樣理由，父母也不應時時刻刻對小孩說「去念書」或進行說教、命令等疲勞轟炸。我的朋友前陣子被兒子抗議「不要把吃飯時間變說教時間」後，現在正在自我反省中。

老是想說什麼就說什麼，一見到人就忍不住「交代」事情，那麼對於二十四小時都得面對面處在同個空間的家人來說，肯定很受不了。

區分時空，讓每個家人都有各自的獨處時間與空間，就是後疫情時代的新家規。

變成不快樂的家庭之前

隨著在家工作的時間變長、夫妻的臥室變成老公的書房，老婆連白天也沒了自己的空間。如果決定好客廳是老婆的專屬空間，那早上十點至十二點、下午一點至三點的時段必須禁止其他家人到客廳或相鄰的廚房，而且應該事先把水裝到水瓶，帶回自己的房間。

我朋友說他媽媽占據了整個客廳。因為自從母親宣布「從今天開始，客廳就是我的房間，你們誰都不准隨便進入」後，他們家的飯都分裝在一份份的餐盤，每個人到廚房領取自己的餐點後再拿回自己的房間吃。我自己是無法接受不與家人一起同桌吃飯，但可以理解有些人相當看重個人空間而必須做到這種程度。

正因為是家人，如果沒有顧慮到這些，就可能無止境侵犯到別人的時間和空間。在家庭變得不快樂之前，必須遏止這樣的狀況。

家人使用說明書：
腦科學專家寫給總是被家人一秒惹怒的你

家族のトリセツ

終章

FINAL

創造家庭的「温柔泉源」

終章　創造家庭的「温柔泉源」

接下來要說的事發生在我兒子念小學的時候，那是某一年的冬天。我兒子鑽進暖桌，變成一隻「暖桌烏龜」。在他手可觸及的範圍內，散落著運動飲料、幾本漫畫、模型玩具，他打算就這樣懶懶散散度過一整個下午。

而在隔壁房間忙著工作的我，也放任他享受這個小確幸。

不久後兒子說：「媽，如果妳覺得寂寞的話，可以叫我。」我問他為什麼，他說因為懶得動，所以一定要「有事」，他才願意從暖桌中出來，還一臉得意地說：「如果媽媽覺得寂寞的話，我一定義不容辭哦。」

我本來想反問他：「欸～我什麼時候因為寂寞找過你……」但因為要

專心工作，便打退堂鼓。

過了一會兒，我一時興起，想知道兒子聽到媽媽說「寂寞」時會做些什麼，於是我叫了他：「我寂寞了，可以來一下嗎？」

「等一下！現在正精采！」兒子用千百個不願意的聲音回我。最後，窩在暖桌看漫畫的快樂終究勝過對媽媽的愛。

我笑著用手戳戳他的背，他識相地邀我：「跟我一起躺暖桌吧。這本漫畫很好看，妳也一起看。」原本只想陪他一下的我也跟著看上癮，兩人成了暖桌烏龜母子。

那一天，我錯過買晚餐食材的時間，結果菜不夠煮。正當我懊悔自己眷戀暖桌的時候，兒子說：「媽，沒關係啦。明天我在學校吃兩份沙拉就好。」

人生偶爾一天這麼過實在很不錯。人生絕對很少有可以跟兒子躺在暖桌耍廢一整天的機會，我決定寵愛自己一次。

家人是用來寵的

我和兒子並躺在暖桌中，度過冬天的下午時光，我們倆看著太陽漸漸西下。

「媽，科學家是靠什麼生活？」兒子突然問我。

「他們可以拿到大學或研究機構的薪水。」

我一說完這句話，兒子立刻興奮地說：「是喔～太好了！那我長大以後要當科學家！」

兒子很擔心地球的二氧化碳量持續增加，所以想成為科學家，發明把二氧化碳變成氧氣的方法。

「欸不過，如果地球上所有人每天都在同一時間停止呼吸一分鐘，不就可以稍微減少二氧化碳的排放量嗎？在我找到方法之前，應該可以先這樣應對吧？」兒子充滿希望地說。

嗯……其實停止呼吸也不會減少代謝。

「停止呼吸一分鐘之後就會呼吸兩倍的空氣，最後的呼吸量和吐氣量還是一樣吧？」

「好像是～」

我們倆就這樣一搭一唱，然後呵呵大笑。

或許停止呼吸聽起來很可笑，那如果換成「祈禱」一分鐘呢？地球上所有人同時為地球祈禱，這麼一來一定可以減少不必要的能源消耗，也能避免一些國家只追求己利而任意開發吧。

「你的觀察搞不好比科學家更厲害！」

這對暖桌烏龜母子，在那個冬日下午一起思考地球的未來，一起睡了午覺。那晚餐吃什麼咧……只好交給邊嘆氣邊說「也只能我去買了」的爸爸。

我的育兒回憶，充滿了許多像這樣的「懶散時光」。

每年的八月三十一日我和老公都會請特休，全家一起幫兒子寫暑假作業。

我負責作文，老公負責美勞，再加上兒子神來一筆，就很像他自己做的。我們三個人目標一致，以特別的方式度過暑假的最後一天。我們故意不看作業清單的最後一行，睜一隻眼閉一隻眼。那時真的很開心。

兒子長大成人、年近三十的現在，我深刻體會到一件事：做父母的，把小孩盯緊很重要，但回過頭來想，我其實是透過懶散時光陪伴小孩成長，培養家人之間的感情。

你可以溺愛家人。

你也可以寵愛自己。

對我而言，家就是這樣的地方。

無論如何都要同理家人

前陣子，一位男性問我一個問題：「老師您說跟家人之間的對話要從『同理』開始，但真的很難做到。」

他的母親患有輕微的老年憂鬱症，不斷埋怨「活著很空虛」。他也想好好聽母親訴苦，但母親總是對小事情發牢騷，讓他完全無法產生同理心，忍不住就回嗆她一兩句：

「世界上比妳痛苦的人多的是！」

「拜託妳正面一點好不好！」

……他們的對話就這樣一來一往陷入鬼打牆，他也因為母親的一句「沒辦法，這就是人生」而閉上了嘴。

「即使如此，我還是要對我媽的心情感同身受嗎？」

我直視他的眼睛，點頭說：「是。即使如此，還是請你體會母親的感受。」我挺直腰背，帶著覺悟說出這句話。他的痛苦我深有同感。**我知道聽到別人說「即使如此，還是要對爸媽好」時，有多麼的絕望。**

我的母親也有過這樣的時期。

現在高齡九十歲的她是個會跟我「裝糊塗」的可愛老奶奶，但她也曾受老年憂鬱症之苦，常說「活著很無趣」或「好想死」之類的話。

直到某天，我突然能真心體會母親的絕望。那一天，母親說：「都不能跳舞了，活著還有什麼樂趣。」

母親擁有日本舞的名取資格，我看過她在舞臺上的表演無數次，她的舞臺張力完全不同凡響。她的美和技巧令觀眾目不轉睛，而且在同是名取的舞者中技冠群雄。

在舞臺上如此耀眼奪目的母親由於膝蓋軟骨變形，再也無法翩翩起舞。即使如此，她還是拄著枴杖到練習場，坐在椅子上練習手的動作，直到連背也開始痛的時候，只能放棄跳舞。

從那之後，母親一整天中有一大半的時間都躺在床上度過。躺在床上的她，用盡全力擠出一句話：

「都不能跳舞了，活著還有什麼樂趣。」

我本身跳國標舞四十二年，完全無法想像不能跳舞的人生有多麼慘淡。我這輩子只有一個希望，就是進棺材前還能跳舞，因此我深深理解母親的痛苦。

我握著母親的手，跟她一起哭：

「我知道妳很難受。」

「如果可以的話，我願意跟妳交換身體，這樣妳就可以重返舞臺了。」

母親一聽到我這麼說，立刻清醒過來：

「我不要！」

「如果會讓妳承受這種痛苦，那我來承受就好。」

自此之後，母親不再說「活著沒樂趣」。或許是不想讓神明聽到女兒又說「要跟她交換身體」。多虧這次經驗，我了解母親多麼深愛著我。

母親從人生畢業的那天，我一定會想起這件事，並且放聲痛哭吧。

溫柔的覺悟

「溫柔」跟財富不一樣，不需要本金。

就算父母對你不溫柔，你還是可以對自己的孩子溫柔；如果另一半欠缺溫柔，你也可以為他灌注溫柔。為家人注入溫柔會讓家庭變得溫暖，並產生源源不絕的循環。缺乏溫柔的家庭，必須要有「溫柔啟動水」才能產生泉源，必須有一個人先開始為這個家灌注溫柔，即使沒有回報。

如果把溫柔當作一種交易呢？

「因為你很乖，所以誇獎你。」
「因為你是好老公（老婆），所以我感謝你。」
「我對你這麼好，你應該怎樣怎樣。」

這種家庭，永遠都對溫柔很飢渴。

然而，由自己為這個家灌注溫柔，一開始就像是在沙漠上澆水一樣，需要相當大的覺悟。但是絕對沒問題，家人不會讓你等到天荒地老。請遵守本書介紹的「家規」（不必全部，一條就可以），你一定可以感受到有所改變。

我剛開始寫這本書的時候其實是抱著輕鬆的態度，希望大家享受家庭時光，最後才發現愈寫愈深入。

家庭或許是人生中的一大課題。

如果你溫柔對待不聽話的小孩、和顏悅色對待愛發牢騷和頤指氣使的父母、體貼說話不經大腦的另一半，人生就會改變。這是所有奇幻故事中描寫的——以付出開啟的奇幻旅程，最終都將劃下圓滿的結局；也像是公主親吻青蛙或跳入火海的瞬間，世界隨即改變的那一幕。

人生是玩不膩的遊樂場。

家人使用說明書：

腦科學專家寫給總是被家人一秒惹怒的你

家族のトリセツ

結語

CONCLUSION

結語

有一次，我在看一對東歐國標舞情侶的精湛表演。

表演結束後，主持人訪問他們：「聽說你們一天要練習好幾個小時，每年為了參加國際比賽和各項表演要出國三十次，一定很辛苦吧？」

「在我出生的國家，大家不是上戰場，就是死亡，沒有其他的選擇。所以現在我能以自己喜歡的舞蹈維生，已經非常幸福了，一點都不覺得苦。」女舞者這麼回答。

上戰場或死亡，也算是一種「選擇」。這個世界上仍然存在著這樣的國家，生活充滿了風險，輕鬆過日子變成奢侈的願望。

反觀在日本，大家深信日子會永久和平下去，而女舞者的這句話打醒了日本人「和平痴呆」的民族性。

不過，和平的國家也有和平國家的痛苦。

在這樣的環境下，我們無止境地追求理想，用「從理想開始扣分的減法思考」看待自己和他人：希望成績更好、生活更優渥、得到更多讚美、升遷到更高的職位……而且，希望更快樂、更簡單。

「想要更多、更多、更多」是一種心靈上的飢渴。與這種飢渴共存的通常不是「自己的想法」，而是「別人的眼光」，所以再怎麼努力也無法得到滿足。而且，**無論是努力過好每一天，還是散漫過完每一天，疲勞感都與日俱增**。

於是，出現了一個矛盾現象：和平國家的人過得比艱困國家的人更疲憊。這或許也可以解釋為什麼日本人總是很習慣對著努力生活、努力讓自己發光發熱的人脫口而出「辛苦了」。那麼對於隨心所欲生活的人，我們是不是也不需要激勵他們「變好」，甚至用正義之名苛責他們的「任性」呢？

那一晚，我看著不了解「辛苦了」這句話的意思，而對口譯人員露出疑惑表情的國標舞情侶，不禁覺得日本或許已經走到了極限。

就在我有這種想法的某一天，新聞報導男演員三浦春馬死亡的消息，死因判定是自殺。如此俊俏又才華洋溢的人自殺，實在令我悲痛不已。

或許他自殺有其他真正的原因，但在我看來，這是一位總是全力以赴、對自我要求極高的表演者的心，徹底碎了的結果。為什麼沒有人阻止他？為什麼沒有人溺愛他？難道沒有家人可以告訴他：

「你可以逃離這一切。」

「不用害怕，失敗是人生的存款。如果真的受不了就回家吧！我會保護你，不讓你受到任何傷害！」

我現在能做什麼？

雖然我無法改變這個世界或整個國家，但緩解一個家庭的緊張我總辦得到吧。基於這樣的想法，我開始寫這本書。

書寫這本書的過程中，我受到NHK出版的北山健司先生很多照顧。在東京，疫情變化如此劇烈，他不斷協助我思考透過這本書可以做些什麼？我們又可以幫上什麼忙？在此由衷感謝北山先生。

我研究人工智慧和使用者介面已經三十七年。人類是什麼？人類尊嚴的哪部分是人工智慧無法介入或不能介入的？什麼又是不侵犯人類這部分的人工智慧設計？這就是我的研究題目。本書的目的，就是從這個角度去描繪家庭的理想樣貌。

我並不認為所有家庭都必須是這樣，家人的相處模式因人而異。不過，如果一些家庭能因此變得和諧，我會很欣慰。**比起激勵或斥責，互相寵愛的家庭才是最堅強的後盾**。只有這一點，我非常確定。

希望讀完本書的你能獲得幸福。我由衷為你祈禱。

二〇二〇年九月

黑川伊保子

家族のトリセツ

家人使用說明書：
腦科學專家寫給總是被家人一秒惹怒的你

參考文獻

REFERENCES

參考文獻

- 黑川伊保子《老婆使用說明書》、悅知文化、二〇二〇年
- 黑川伊保子《老公使用說明書》、悅知文化、二〇二〇年
- 黑川伊保子《女兒使用說明書》（暫譯；娘のトリセツ）、小學館新書、二〇二〇年
- 黑川伊保子《溝通壓力　用科學解釋男女之間的隔閡》（暫譯；コミュニケーション・ストレス　男女のミゾを科学する）、ＰＨＰ新書、二〇二〇年

家人使用說明書：
腦科學專家寫給總是被家人一秒惹怒的你
家族のトリセツ

作者　黑川伊保子（Ihoko Kurokawa）
譯者　楊毓瑩
主編　陳子逸
設計　許紘維
校對　渣渣

發行人　王榮文
出版發行　遠流出版事業股份有限公司
104005臺北市中山北路一段11號13樓
電話／(02) 2571-0297
傳真／(02) 2571-0197
劃撥／0189456-1
著作權顧問　蕭雄淋律師

初版一刷　2021年6月1日
初版五刷　2023年6月5日
定價　新臺幣300元
ISBN　978-957-32-9110-7

遠流博識網 www.ylib.com

國家圖書館出版品預行編目（CIP）資料

家人使用說明書：腦科學專家寫給總是被家人一秒惹怒的你
黑川伊保子 著；楊毓瑩 譯
初版；臺北市；遠流出版事業股份有限公司；2021.06
232面；14.8 × 21公分
譯自：家族のトリセツ
ISBN：978-957-32-9110-7（平裝）

1. 家庭關係

544.14　　110006794